LE

CAPITAINE PHILOSOPHE

PAR

MARCEL TISSOT

❈

PARIS

LIBRAIRIE CH. BLÉRIOT, ÉDITEUR

55, QUAI DES GRANDS-AUGUSTINS, 55

LE CAPITAINE

PHILOSOPHE

SCEAUX. — IMPRIMERIE M. ET P.-E. CHARAIRE.

LE CAPITAINE

PHILOSOPHE

PAR

MARCEL TISSOT

━━━━◆◆◆◆◆━━━━

PARIS

LIBRAIRIE CH. BLÉRIOT, ÉDITEUR

55, QUAI DES GRANDS-AUGUSTINS, 55

—

1876

LE

CAPITAINE PHILOSOPHE

CHAPITRE I

La Révolution française a trouvé, pour célébrer
« ses immortelles conquêtes », tout un peuple de rhéteurs,
de courtisans et de panégyristes : l'avenir lui réserve des historiens, nous voulons dire des juges.

Sans doute, dès maintenant, d'estimables écri-
vains peuvent, à bon droit, réclamer l'honneur
d'avoir protesté contre l'enthousiasme des apologies
malsaines, mais la tâche, à peine effleurée, reste à
accomplir. La France, « *le plus beau royaume après
celui des Cieux,* » selon la naïve et poétique expression de nos vieux chroniqueurs, la France de
Philippe-Auguste et de Saint Louis, la France

de Henri IV et de Louis XIV, ravagée, dépeuplée,
rançonnée, terrorisée par une poignée de bandits,
quel tableau! Ah! pour en retracer les horreurs,
pour flétrir impitoyablement les saturnales de
la démagogie, il faudrait, avec la profondeur et
l'énergie d'un Tacite, la verve indignée d'un Ju-
vénal!

Mais, objectera-t-on, la Révolution n'a-t-elle pas
proclamé l'égalité des citoyens devant la loi et leur
admissibilité à toutes les charges publiques? N'a-
t-elle pas aboli le trafic des traitants et la vénalité
des offices? N'a-t-elle pas établi une plus équitable
répartition des impôts? Cette allégation, aux yeux
des penseurs et des historiens désintéressés, ne saurait obtenir le moindre crédit. En vain on essaierait
d'attribuer exclusivement à la Révolution la sup-
pression des abus et le mérite des réformes. Ces
abus, le Roi les connaissait, et, depuis son avéne-
ment à la couronne, il n'avait cessé de les combattre; ces réformes, il avait juré de les accomplir.
Louis XVI eût concédé toutes les libertés concilia-
bles avec la paix publique. La bonté de son cœur, la
droiture de son esprit, l'immense amour dont il
était pénétré pour ses sujets, suffisaient à assurer
dans l'avenir le progrès social.

Aussi, il faut le dire sans restriction, de toutes les époques néfastes de notre histoire, la Révolution a été la plus féconde en désastres, en forfaits, en monstruosités : elle nous a légué des souvenirs d'une impérissable tristesse.

Certes nos annales contiennent de sombres et sinistres périodes. La guerre de Cent Ans, par exemple, ne faillit-elle pas compromettre le salut de la France? Les cœurs les moins accessibles aux sentiments du patriotisme n'éprouvent-ils pas une immense douleur, en voyant l'invasion anglaise s'étendre, comme une lèpre hideuse, sur le sol du pays vaincu et morcelé? Mais plus grande a été l'angoisse, plus grande est l'allégresse. Tout à coup une lueur céleste éclaire l'horizon, un astre radieux perce les ténèbres du deuil, voici venir un nouveau labarum : c'est l'étendard de Jeanne d'Arc, qui porte dans ses plis la rédemption et la victoire. Comme lui, on a participé à la peine, comme lui on participe à l'honneur. Après Crécy, après Poitiers, après Azincourt, c'est-à-dire après un siècle de défaites et d'outrages, une vierge va paraître : elle rassemblera sous sa bannière l'élite de la Noblesse ; elle commencera de chasser, comme un vil troupeau, les envahisseurs soudainement frappés d'épouvante ;

et du « *Roi de Bourges* », faible et méprisé, elle fera le Roi de France, triomphant et superbe.

Ce qui sauva alors nos aïeux, ce fut la foi. Dieu accomplit un miracle pour exaucer les ferventes prières de la nation catholique par excellence, de celle qu'on appelait jadis la fille aînée de l'Église.

Hélas ! les âmes sont aujourd'hui incapables d'un tel élan. La Révolution a exercé une influence irrémédiable, elle a ouvert pour nous l'ère douloureuse de la décadence que, sans doute, nulle force humaine ne saura plus jamais fermer.

En préconisant l'athéisme, en favorisant la rébellion contre l'autorité légitime, l'école philosophique du dix-huitième siècle déchaîna cette horrible tempête, où devaient sombrer non-seulement les institutions politiques, mais encore les antiques croyances du passé. Pendant plus d'un demi-siècle, Voltaire livra une lutte acharnée au Catholicisme. « *Écrasons l'infâme* », disait-il, et, sans trêve ni merci, il poursuivit son œuvre infernale de destruction. Le sarcasme, la calomnie furent les armes terribles dont il se servit pour frapper l'Église jusque dans ses manifestations les plus augustes. Jeanne d'Arc, elle-même, l'ange gardien de la patrie, dont nous évoquions tout à l'heure la mémoire vénérée, ne trouva pas grâce devant cet homme, qui avait fait le détestable serment de consacrer au mal tout ce que Dieu lui avait départi de génie.

En même temps, Rousseau, le sophiste passionné, dans son *Contrat social*, proclamait la souveraineté absolue du peuple, supprimait les devoirs, exaltait les droits du citoyen et considérait la société comme le résultat d'un contrat purement humain, d'où il bannissait l'intervention divine.

L'*Encyclopédie* enchérissait encore sur ces doctrines. D'Alembert, Diderot, sous prétexte d'analyse et de libre examen, discréditaient à plaisir les notions religieuses et morales ; enfin Helvétius, d'Holbach, La Mettrie, jetant le masque et oubliant toute pudeur, osaient assimiler l'homme aux animaux !

Ces conceptions, ou plutôt ces aberrations philosophiques, étaient même inférieures au polythéisme monstrueux de Rome sous les Antonins : c'était la négation absolue de Dieu, l'affirmation brutale du matérialisme le plus cynique. De telles doctrines devaient évidemment recruter des adeptes dans la tourbe des ambitieux vulgaires. Les niveleurs, les ennemis de toute supériorité et de toute hiérarchie, les Catilina de bas étage y trouvaient une pâture à leurs insatiables convoitises. Mais on peut s'étonner, à juste titre, de la condescendance coupable des classes élevées de la société : au lieu de réagir contre ces théories subversives, l'aristocratie les accueillit avec enthousiasme et les encouragea de son patronage. De pareilles défections, de si honteuses apostasies jetèrent fatalement le trouble dans les esprits et contribuèrent à pervertir les masses populaires.

Oubliant que leurs héroïques aïeux avaient jadis traversé les mers, avec Godefroy de Bouillon, pour chasser les Infidèles et pour aller s'agenouiller au tombeau du Christ, les grands seigneurs du dix-huitième siècle se disputèrent à l'envi l'amitié des philosophes et applaudirent aux paradoxes de ces nouveaux Judas.

Le héros de cette véridique histoire, le Chevalier Dunstan de Trévillers, comme tant d'autres jeunes gentilshommes, subit l'influence du mauvais exemple. Les excellents principes que lui avait inculqués, dès l'enfance, une mère intelligente et dévouée, l'éducation solide qu'il avait reçue des Pères Jésuites, au Collége de Louis-le-Grand, ne suffirent point à le préserver de la contagion.

Après avoir terminé ses études, il fit ses preuves

de noblesse et fut admis au nombre des Pages de la Reine.

Ébloui, fasciné par la Cour brillante de Versailles, il ne tarda pas à en épouser les travers et s'engoua des idées à la mode. Nature de premier mouvement, cœur ardent et généreux, il négligea de prévoir les conséquences inévitables de la philosophie nouvelle. « *L'âge d'or allait renaître* », et il se fût reproché de ne pas accepter, de prime abord, des théories si nécessaires, selon lui, au perfectionnement, au bonheur de l'humanité. Désormais son concours était acquis à la « *grande œuvre* » : il se promettait d'apporter sa pierre « *à ce sublime monument, à ce temple de la Raison* ».

Il ne reculait pas d'ailleurs devant le sacrifice des intérêts de sa caste, et son admiration ne connut plus de bornes quand il vit les plus illustres représentants de la Noblesse, les Montmorency, les Guiche, les Noailles, les Mortemart, les d'Aiguillon, les Clermont-Tonnerre offrir, « *en holocauste expiatoire* », sur l'autel de la patrie, leurs droits seigneuriaux, dans la fameuse nuit du quatre août.

Cédant au besoin d'action inné chez la jeunesse, attiré par ces mirages trompeurs, Dunstan préférait la société des philosophes, le faste de Versailles, le tourbillon bruyant de la Capitale à l'existence modeste et silencieuse de la province.

Ses parents vivaient retirés, en Franche-Comté, dans leur vaste domaine de Trévillers. Ayant concentré toutes leurs affections sur Dunstan, le seul fils qui leur était resté de trois enfants, ils le voyaient avec peine déserter le toit paternel et adopter les systèmes de la nouvelle école philosophique.

Type d'honneur et de loyauté, le Baron de Trévillers professait un inaltérable respect, un invincible attachement pour les croyances et les traditions du passé, suivant en cela l'exemple de ses ancêtres : car jadis les Trévillers s'étaient énergiquement opposés à la défection religieuse des princes de Montbéliard, leurs voisins, quand ces derniers se rallièrent au Protestantisme.

Il conservait d'ailleurs, avec une piété jalouse et scrupuleuse, l'héritage de sa race : jamais il n'eût conçu la pensée d'échanger son titre de baron contre le titre plus pompeux de comte ou de marquis, ambition étroite qui était devenue une véritable manie sous le règne de Louis XV. Il prétendait, non sans raison, que les descendants des premiers barons chrétiens devaient tenir en médiocre estime des brevets achetés à beaux deniers comptants.

— N'empiétons point, disait-il souvent, sur le travers des financiers; laissons-leur les prérogatives de la savonnette à vilain.

Ce dédain de la mascarade nobiliaire l'avait même éloigné de la Cour. Il avait préféré se retirer dans ses terres patrimoniales et y mener la large existence des gentilshommes campagnards.

Sa générosité n'avait point d'égale; jamais une infortune ne le laissait indifférent; il distribuait aux malheureux d'abondantes aumônes sans la moindre ostentation; mais, il faut l'avouer, plus attaché à la lettre qu'à l'esprit de l'Évangile, il ne pratiquait pas la charité avec cette bienveillance, cette aménité qui double le prix d'un bienfait. L'orgueil de la race poussé à l'extrême, c'était le seul défaut qu'on pût reprocher au Baron de Trévillers. Il avait une horreur instinctive du vulgaire, « *des petites gens* », et son abord glacial, son grand air, qui approchait parfois de la morgue, semblaient contrarier les excellents penchants de son cœur. Aussi vivait-il dans une assez profonde retraite et le château ne comptait-il que de rares visiteurs.

Ennemie de la frivolité et des plaisirs mondains, la

1.

Baronne se conformait volontiers aux goûts de son mari, limitant ses désirs aux joies de la famille; celles de l'amitié, d'ailleurs, ne lui faisaient pas défaut : des relations déjà anciennes l'unissaient à une vertueuse femme, Mme Descerniers, veuve d'un médecin distingué, qui habitait, avec sa fille unique nommée Christine, un petit domaine situé à proximité du château.

La Baronne avait pour ses voisines de campagne un attachement des plus vifs : il lui eût été vraiment pénible de passer une journée sans les voir. Cette liaison avait été, tout d'abord, dans le village et dans les environs, l'objet de nombreux commentaires : comme on n'ignorait pas le dédain que professait M. de Trévillers à l'endroit de la bourgeoisie, on s'était étonné d'une dérogation si flagrante à ses principes et à ses habitudes. Mais on n'avait pas tardé à en découvrir les motifs.

Le fils du Baron de Trévillers, Dunstan, avait été surpris, dans son enfance, par l'une de ces terribles maladies qui font le désespoir des mères, et devant lesquelles, trop souvent, hélas ! la science se trouve réduite à confesser son impuissance.

Appelé en toute hâte, le docteur Descerniers s'était montré habile praticien : non-seulement il avait arrêté les progrès du mal et conjuré le péril, mais, n'épargnant ni ses fatigues, ni ses veilles, pendant la durée de la convalescence, il avait entouré le petit malade des soins les plus tendres et les plus assidus.

L'amitié était née du dévouement : ainsi rapprochées, les deux familles, en apprenant à se connaître, apprirent à s'estimer.

A la mort de l'excellent docteur, les châtelains redoublèrent d'affection pour la pauvre veuve et lui prodiguèrent toutes les consolations propres à adoucir l'amertume d'une perte si cruelle. Christine Descerniers fut élevée avec le jeune Dunstan. Sous les yeux de leurs mères, les deux enfants grandirent, partageant les mêmes leçons et les mêmes jeux, jusqu'au moment où le Chevalier dut aller terminer ses études à Paris.

Par la protection de la Baronne, Christine fut alors admise dans un couvent de Besançon. Elle y reçut la meilleure éducation. Avec un cœur pur, un jugement sain et pénétrant, elle sut acquérir une instruction supérieure à celle dont se contentent ordinairement les pensionnaires. Sa beauté virginale, qu'elle ignorait peut-être, n'avait pas nui, comme chez tant de jeunes filles, au développement de son intelligence et à ses autres qualités natives.

Depuis sa sortie du couvent, au lieu de perdre ses loisirs en mille futilités, elle les consacrait à des lectures sérieuses. Pour être profondes, ses connaissances n'étaient pas moins variées ; mais les préférences de son esprit la portaient vers l'étude des auteurs religieux.

Souvent, au milieu d'une conversation, M. de Trévillers demeurait à la fois étonné et charmé de trouver, chez Christine, une puissance de dialectique, une sûreté de jugement qu'il eût souhaité de rencontrer dans la correspondance de son fils.

Les lettres du Chevalier manquaient, en effet, de modération et de critique. Tout en tenant compte des ardeurs de la jeunesse, il n'était pas possible d'admettre les utopies dont il se constituait le défenseur, ni de partager ses admirations irréfléchies pour les novateurs. Tous les événements qui s'étaient accomplis depuis l'ouverture des États-Généraux, le Serment du Jeu de Paume, la prise de la Bastille, l'abolition des priviléges dans la nuit du quatre août, le vol des biens du Clergé convertis en biens nationaux et mis à l'encan, tous ces attentats successifs contre la religion, la royauté, la noblesse et la propriété étaient jugés par lui avec une indulgence marquée. Une seule fois, il avait trouvé des paroles d'énergique réprobation : c'était en racontant les lamentables journées des cinq et six octobre, quand une hideuse populace, souillant la majesté royale, alla capturer, à Versailles, le petit-fils de Saint Louis.

Au moment où commence ce récit, on etait arrivé à la fin du mois de juin mil sept cent quatre-vingt-dix. Les dernières lettres de Dunstan attestaient une extrême surexcitation. M. de Trévillers, craignant enfin de voir son fils délaisser le rêve pour l'action et prendre une part effective à la lutte politique, communiqua ses appréhensions à la Baronne et à Mme Descerniers.

On tint conseil, et, après mûre délibération, on résolut d'écrire à Dunstan pour le prier de venir passer quelques mois à Trévillers : le changement d'existence, l'air natal, la solitude bienfaisante des forêts et des montagnes, la vie de famille calmeraient l'exaltation morale du Chevalier et modifieraient peut-être heureusement les tendances de son esprit.

Mme de Trévillers se mit aussitôt à l'œuvre et sa tendresse alarmée lui suggéra les arguments les plus ingénieux, les expressions les plus persuasives pour rappeler le fugitif.

Cette lettre obtint un plein succès. Dunstan, dont l'affection filiale ne s'était d'ailleurs jamais démentie, ne fit pas attendre longtemps sa réponse : il annonçait à ses parents sa très-prochaine arrivée à Trévillers.

CHAPITRE II

Le jour fixé par Dunstan et si ardemment désiré
par son excellente mère était enfin venu. Le Baron
et la Baronne s'entretenaient avec Mmes Descérniers
dans le grand salon du château, en attendant l'arrivée du Chevalier.

Malgré ses efforts pour refréner son impatience,
Mme de Trévillers portait souvent ses regards sur
le cadran de la pendule : les aiguilles marchaient
trop lentement à son gré et les minutes, qui la séparaient de l'instant où elle devait revoir ce fils depuis si
longtemps éloigné d'elle, lui semblaient des heures.
Parfois elle quittait son fauteuil pour s'approcher
des vastes fenêtres, d'où l'on découvrait les pelouses
et l'avenue de tilleuls qui précédait le château. Sa

préoccupation était visible et son visage exprimait tour à tour la crainte et l'espérance.

— Rassurez-vous donc, ma chère amie, disait le Baron d'un ton enjoué et avec un sourire du meilleur augure. Dunstan, comme un vrai gentilhomme Comtois, est l'esclave de sa parole. Toutes les séductions de Paris et de Versailles ne prévaudront point contre la promesse formelle qu'il vous a donnée dans sa dernière lettre. Prêtez-moi une oreille attentive et je m'engage, séance tenante, à surpasser dans la science divinatoire Monsieur de Cagliostro, Mesmer et les autres sorciers à la mode. Le Chevalier a quitté la Capitale samedi dernier; avant-hier, neuf juillet, il a dû arriver à Besançon et loger à l'*Hôtel de la Comté;* hier, il s'est remis en route pour gagner Saint-Hippolyte, dernier relai de la poste sur la frontière. Il y est parvenu assez tard dans la soirée : un mauvais gîte l'attendait à l'auberge de *la Croix d'Or;* malgré cela, il s'est endormi d'un excellent sommeil, parce que, à vingt-cinq ans, on dort toujours bien, et, ce matin, à son réveil, il aura trouvé tout attelée la berline que Pierre et Germain y ont conduite par mes ordres. Il est onze heures et demie : avant le premier coup de midi, Dunstan sera des nôtres. Mais, pour ne pas retarder d'un seul instant votre bonheur, profitons de cette belle matinée : allons au-devant de notre cher voyageur ; nous l'attendrons à l'extrémité de l'avenue.

Comme M. de Trévillers, en achevant ces mots, ouvrait l'une des portes vitrées donnant sur le perron de la cour d'honneur, le son du cor se fit entendre du haut de la terrasse.

— Mesdames, reprit le Baron, nous n'aurons pas le temps de mettre notre projet à exécution. J'avais posté en vigie Claude, mon piqueur, et je l'avais chargé de me prévenir par une fanfare. Il me donne le signal convenu.

L'équipage annoncé parut en effet au bout de l'allée, puis on distingua le claquement du fouet et le bruit des grelots ; les chevaux redoublèrent de vitesse et bientôt la berline entrait dans la cour d'honneur. Un jeune homme ouvrait la portière, gravissait lestement les degrés du perron et se précipitait dans les bras de la Baronne.

Après les premiers moments donnés aux effusions de la joie et de la tendresse filiale, Dunstan salua Mmes Descerniers. Celles-ci, obéissant à un sentiment naturel de discrétion, se disposaient à prendre congé des châtelains ; mais le Baron joignit ses instances à celles de Mme de Trévillers ; il leur dit :

— Accordez-nous, Mesdames, la faveur de rester au château et veuillez prendre votre part de ce repas de famille. La bienvenue de deux cœurs amis est un renfort pour retenir à la maison paternelle l'enfant prodigue, dont nous fêtons aujourd'hui le retour.

— Ah! mon père, repartit gaiement le Chevalier, ne condamnez pas votre fils sans l'entendre.

En ce moment un domestique vint annoncer le dîner.

— Eh bien, dit le Baron, nous vous absoudrons... en notre audience de l'après-dînée, comme disent Messieurs du Parlement.

On se rendit à la salle où le repas était servi. La conversation ne tarda pas à s'engager ; le voyageur fut pressé de questions, tant les convives étaient désireux de connaître, dans tous leurs détails, les événements qui avaient suivi la convocation des États et qui remuaient si profondément la France entière. Dunstan ne se fit pas prier ; avec l'ardeur d'un néophyte, il aborda le récit des épisodes dont il avait été témoin. Mais, dès le début, M. de Trévillers se vit forcé de constater la partialité du narrateur : il se trouvait en face d'opinions inacceptables.

— Mon père, objecta le Chevalier, vous êtes, croyez-moi, trop à distance pour bien juger le mouvement philosophique. Les nouvelles ne vous parviennent ici qu'abrégées par les gazettes ou grossies et défigurées par la rumeur publique. La province d'ailleurs chérit les ornières de la routine; elle s'attarde volontiers dans ses idées et se déclare rebelle à toute innovation. Mais si, comme moi, vous aviez respiré l'air de Versailles et de Paris, comme moi, vous auriez la fièvre du progrès. C'est avec enthousiasme, c'est avec délire, c'est avec frénésie que la capitale du monde intelligent salue chacune des réformes et des conquêtes nouvelles !

— Les papiers publics accusent en effet une effervescence redoutable. Depuis un an, le mal va grandissant de jour en jour. Oui, depuis un an, car la prise de la Bastille a été le premier acte de la révolte populaire.

— Un acte de révolte! Ah! mon père, dites plutôt un grand acte de justice! Dois-je vous l'avouer? je n'ai pas dissimulé ma joie, en voyant donner l'assaut à cette détestable forteresse, en voyant s'écrouler les murs de cette odieuse prison d'État, où tant de victimes de l'intolérance et du fanatisme avaient gémi, où Voltaire, notre cher et illustre maître.

avait lui-même subi, pour la cause de la libre pensée, les horreurs d'une captivité imméritée. Le quatorze juillet, le peuple de Paris a bien mérité de la France entière ; il a fourni des preuves irrécusables de son patriotisme et de sa bravoure !

— Chevalier, interrompit M. de Trévillers, vous êtes vraiment prodigue de vos admirations. Vous feriez tort à votre jugement, en insistant sur ce glorieux fait d'armes. La Bastille, dont vous nous dépeignez l'aspect avec des couleurs si sombres, si menaçantes, avait, pour toute garnison, une quarantaine de Suisses et quatre-vingts invalides. Ces vieux soldats, qui avaient trouvé là une retraite honorable, une juste récompense de leurs services passés, ne constituaient pas, vous en conviendrez, une troupe bien redoutable. Encore auraient-ils tenu bon contre la plèbe mutinée ; mais, en voyant les gardes-françaises faire cause commune avec la canaille des faubourgs, ils comprirent l'inutilité de la résistance : après trois mousquetades et deux volées de canon, ils rendirent volontairement la place. Quant au grand peuple de Paris, dont vous vantez si fort l'héroïsme, il ne peut revendiquer, pour sa part de gloire, que l'assassinat de Monsieur de Launay, le gouverneur de la forteresse, l'un des meilleurs serviteurs du Roi.

Dunstan ne répondit pas, un peu décontenancé sans doute par une réplique dont il ne pouvait méconnaître la justesse.

— Et dans les provinces, poursuivit le Baron, quelles ont été les déplorables conséquences de cette émeute? Des troubles ont simultanément éclaté dans le Midi, en Alsace, en Bourgogne, en Bretagne, en Normandie. Le désordre s'est étendu partout, avec la rapidité de la flamme dévorant une traînée de poudre. Des bandes de scélérats ont pillé les caisses publiques. Des églises ont été profanées, des châteaux mis à sac et incendiés. On ne compte plus les attentats contre les personnes. A Caen, le fils de l'un de mes vieux amis dont je vous ai souvent parlé, le Comte de Belzunce, major au régiment de Bourbon-Infanterie, a été assassiné sur la grande place de la ville. On a déchiré son corps, on en a promené les lambeaux dans les rues; et, pour mettre le comble à leur forfait, par un raffinement de sauvagerie et de bestialité, les assassins ont mangé le cœur encore chaud de la victime [1]! Jusqu'ici de telles horreurs ont été épargnées à notre Franche-Comté; mais je redoute l'avenir : il nous réserve

1. *Détail véridique de la mort du Comte Henri de Belzunce.* Paris, Devaux, 1789, in-8.

certainement de cruelles épreuves. Déjà les mauvaises passions s'agitent et les décrets de l'Assemblée Nationale, si chers au grand peuple de Paris, fomentent, parmi les habitants de nos campagnes, les plus odieuses convoitises.

— Cependant, mon père, on s'est borné à accomplir les réformes nécessaires, à renverser des institutions caduques et surannées, dont l'opinion avait depuis longtemps fait justice.

— Chevalier, l'Assemblée a érigé le dol en principe et mis la spoliation à l'ordre du jour, quand elle a déclaré les biens du Clergé biens nationaux, quand elle en a décrété la vente. Commettre un pareil attentat, c'est autoriser, pour l'avenir, toutes les iniquités, toutes les violences.

— Vous jugez avec trop de sévérité une mesure, je ne dirai pas seulement justifiée, mais même impérieusement réclamée par le désarroi des finances. D'ailleurs, si les abbayes, si les prieurés viennent à chômer, où sera le mal ? Le droit d'aînesse étant aboli, les cadets et les filles de bonne maison n'iront plus désormais se claquemurer dans les couvents ou dans les chapitres nobles. La théocratie du Moyen Age a fait son temps ; le vieil édifice religieux s'écroule de toutes parts. Les doctrines gothiques ne pouvaient résister au libre examen : Voltaire, Rousseau, d'Alembert, Diderot ont établi les principes de la vraie, de la seule philosophie qui puisse assurer les destinées futures de la civilisation. Le siècle n'est plus à la vie monacale et contemplative. Assez de rêves stériles ! L'ère de l'action va s'ouvrir !

En entendant ces dernières paroles, Christine Descerniers fixa, de ses yeux calmes et doux, le bouillant jeune homme, et elle lui dit, d'une voix que l'émotion rendait singulièrement pénétrante :

— Monsieur le Chevalier, il est des âmes fatiguées du monde, pleines de dédain pour ses agitations incessantes et ses rumeurs mensongères, il est des âmes qui aspirent à la solitude et placent leur espérance en Dieu : celles-là obéissent à une vocation véritable. Voulez-vous donc leur enlever le seul bonheur dont elles soient désireuses? Voulez-vous, au nom de la liberté, attenter à la liberté la plus chère, celle de la conscience?

— Dois-je vous l'avouer, Mademoiselle? répondit Dunstan ; je plains ces âmes pusillanimes.

— Et moi, reprit Christine, je plains ceux qui abdiquent les saines traditions du passé, ceux qui renient l'œuvre de nos pères.

— Mais, Mademoiselle, s'écria le Chevalier, si nos

aïeux ont vécu d'erreurs et de superstitions, ce respect aveugle du passé doit-il donc paralyser, pour jamais, l'essor du génie moderne? Quoi! la science humaine a dit : *Fiat lux!* La lumière s'est faite! Et nous fermerions les yeux devant ces clartés nouvelles !

— La science humaine devient funeste, Monsieur le Chevalier, quand on l'isole de la science divine. L'Écriture nous parle des anges rebelles : la foudre vengeresse sut les atteindre. Quant à moi, croyances ou superstitions, je préférerai toujours les enseignements de Dieu aux négations désolantes de la philosophie matérialiste.

— Avec un tel programme, Mademoiselle, il faudrait renoncer au progrès, aux conquêtes de la raison, à toutes les nobles aspirations de l'esprit.

— Le Christianisme a-t-il donc amoindri l'intelligence humaine? Vous avez vécu, Monsieur le Chevalier, dans le commerce des philosophes et des historiens de l'antiquité, et vous ne pouvez oublier le tableau qu'ils nous ont tracé du monde au temps des Césars. Ils ont dépeint la dégradante condition où gémissait la femme, la navrante servitude des esclaves que la loi considérait comme des choses sans nom et abandonnait au caprice du maître. Partout l'infamie, la désolation. Touché de tant de misères, Dieu daigna nous envoyer son Fils. Le Sauveur parut, il vint nous apporter la *bonne nouvelle*. Relisez donc l'Évangile : où trouverez-vous une doctrine plus pure, une morale plus sublime? A la haine, il a substitué l'amour; aux sophismes des rhéteurs, la foi; à l'égoïsme, la charité; au néant, l'espérance; à l'esclavage, la liberté! Ah! si nous suivions ses enseignements, la civilisation et les sciences, loin de reculer, atteindraient nécessairement le progrès et la perfection.

— Mon fils, dit à son tour le Baron, vous vous laissez dominer par de funestes aberrations. Qu'on modifie les constitutions politiques, avec calme et mesure toutefois, car, pour être efficaces, les réformes veulent être accomplies sans violence ni passion, je l'admets : les conceptions humaines sont peccables, éphémères, sujettes à variations. Mais oser discuter la loi divine! méconnaître les vérités primordiales de la religion! Ah! c'est commettre un détestable sacrilége! De plus, c'est commettre un crime de lèse-société. En acceptant de pareilles doctrines, on assume la responsabilité des catastrophes qu'elles amèneront. Ah! prenez garde! Vous dirigez vos pas vers un abîme sans fond ! On n'excite pas impunément les mauvais instincts des masses populaires ! Quand une fois les hommes auront perdu la crainte de Dieu, ils franchiront sans peine les barrières du droit et de la justice : vous n'aurez plus alors ni lois, ni frein pour contenir leur audace. La multitude déchaînée ne se contentera pas de vos étranges théories, elle demandera des satisfactions immédiates et brutales. Jetez les yeux autour de vous, étudiez les passions qui fermentent sourdement, écoutez ces rumeurs confuses : ce sont là les symptômes avant-coureurs d'un épouvantable cataclysme !

Un profond silence suivit ces paroles. La Baronne et Mme Descerniers, l'âme bouleversée, se regardaient douloureusement. Christine demeurait comme accablée : des larmes perlaient sous ses longs cils.

Comprenant son isolement et le peu de sympathie qu'obtenaient ses déclarations de principes, le Chevalier essaya d'en atténuer les malencontreux effets ; pour y parvenir, il changea le cours de la conversation. Mais la première impression avait été trop pénible ; le repas s'acheva tristement.

Dunstan se promit de ne point rester à Trévillers

au delà de l'automne et de retourner à Paris aussitôt après la saison des chasses.

Il prit aussi la résolution de garder une extrême réserve pendant toute la durée de son séjour au château et de se montrer sinon très-conciliant, du moins très modéré dans ses appréciations. Certes, il tenait à ses convictions : toutefois, par générosité de cœur, par respect filial, il lui répugnait de froisser trop ouvertement celles de ses parents et de leurs hôtes.

Mais, à son grand étonnement, il eut bientôt l'occasion de vérifier lui-même combien les craintes de son père étaient fondées. Dans ses promenades aux environs, il remarqua l'hostilité à peine déguisée des paysans : à chaque pas, il en recueillait de nouveaux témoignages.

Jadis on le saluait, du plus loin qu'on l'apercevait, avec une certaine démonstration de plaisir; aujourd'hui on s'en tenait strictement aux exigences de la plus vulgaire politesse ; on lui rendait ce devoir comme par contrainte. Parfois même il rencontrait des regards pleins de haine et de défi. La déception fut d'autant plus pénible pour lui qu'il croyait s'être créé des droits à la popularité par ses opinions en philosophie et en politique.

Pour tenter une épreuve décisive, il voulut, un jour, se mêler à un groupe nombreux de patriotes réunis sous la halle du village. A en juger par les éclats de voix, la discussion devait être des plus chaudes : plusieurs orateurs semblaient se disputer à la fois les applaudissements de l'auditoire. Le Chevalier s'avança : un silence glacial se produisit, à son approche ; loin de plaire à ces énergumènes, la présence du nouveau-venu leur était importune.

Malgré cet accueil peu encourageant, Dunstan prit la parole :

— Eh bien ! mes amis, vous devez être satisfaits de la tournure des événements. Le progrès marche à pas de géant. Les vieilles superstitions du fanatisme et de l'ignorance cèdent enfin la place aux idées nouvelles. Après tant de siècles d'obscurantisme, voici venir la lumière !

— Oh ! c'est tout au plus le petit jour, répondit l'un des patriotes, homme à la figure ingrate et à l'œil farouche ; nous n'avons pas encore le grand soleil de l'égalité, comme nous l'entendons, nous autres !

— Cependant, mes amis, le peuple est affranchi : la philosophie l'a délivré de toute entrave. Par l'instruction, il pourra conquérir la richesse, les honneurs qui jadis étaient le privilége du petit nombre.

— Oui-dà! Monsieur le Chevalier, c'est bel à dire; vous en parlez à votre aise. Vous jouissez de toutes les douceurs de la fortune; vous habitez un château magnifique; vous portez des habits de soie et de velours, des jabots de dentelle; vos mains sont blanches et vous mangez de la brioche! Nous, au contraire, nous sommes attachés à la glèbe; nous vivons dans de misérables cahutes; nos vêtements sont grossiers, nos mains sont noires; il nous faut gagner péniblement, à la sueur de notre front, le pain de chaque jour. Où trouvez-vous l'égalité? Pour y arriver, seriez-vous disposé à partager vos biens avec nous?

— Je voudrais d'abord, repartit Dunstan, partager avec vous les trésors de la science et de la raison, mais malheureusement, je le vois, vous n'êtes pas en état de profiter de ces richesses : avant tout, je vous engage à aller chez le magister.

Là-dessus, le Chevalier tourna le dos aux politiques de village et reprit le chemin du château. Par amour-propre, il garda le silence sur sa mésaventure; mais, dans son for intérieur, il s'abandonnait aux plus tristes réflexions. Le doute n'était plus possible

2.

désormais : il se trouvait en pays ennemi. Il en vint alors à se demander si les doctrines dont il s'était constitué le défenseur et l'apôtre devaient ainsi échouer devant la brutalité et l'ignorance. Une vague inquiétude s'emparait de lui, et, pour la première fois, il ressentit les atteintes du découragement.

CHAPITRE III

Une année s'était déjà écoulée depuis l'arrivée de
Dunstan au château de Trévillers. Le Chevalier semblait avoir mis en oubli sa première résolution; il
ne manifestait plus le désir de retourner à Paris.

La Baronne avait, de prime abord, uniquement
attribué cet heureux résultat à ses pressantes solli-
citations; mais bientôt, grâce à la merveilleuse pé-
nétration qui naît de la tendresse maternelle, elle
assigna une autre cause au changement survenu
dans les projets de son fils.

Souvent, durant les longues soirées d'hiver,
quand Mmes Descerniers se trouvaient au château,
elle avait surpris les regards du Chevalier attachés
sur la douce et charmante figure de Christine; elle

avait remarqué l'attention avec laquelle Dunstan réprimait l'ardeur de son langage, si l'entretien venait à rouler sur les doctrines religieuses, dans la crainte de froisser, par une parole imprudente, les idées bien arrêtées de la jeune fille. Plus tard, au retour de la belle saison, la Baronne avait encore constaté que Dunstan ne manquait jamais de l'accompagner dans les visites quotidiennes qu'elle rendait à ses chères voisines.

Le Chevalier recherchait en effet toutes les occasions de s'entretenir avec Christine : il demeurait comme charmé de trouver, chez son amie d'enfance, un sens aussi droit, un jugement aussi sûr, un esprit aussi cultivé. Et si parfois, en s'écartant de la ligne de conduite qu'il s'était tracée, il lui arrivait, par hasard, de citer Voltaire, Diderot, Helvétius, ou tel autre de ses auteurs favoris, les réfutations péremptoires de la jeune fille le laissaient absolument sans réplique. Bien loin de lui déplaire, ces contradictions l'attiraient ; il éprouvait un plaisir toujours nouveau à entendre son éloquente interlocutrice.

Une après-dînée, la Baronne et Dunstan se présentèrent à la Chesnaie (c'était le nom du domaine possédé par Mmes Descerniers), au moment où la

veuve et sa fille se disposaient à aller porter des secours à un vieillard malade et dénué de ressources.
Mme de Trévillers demanda à ses amies la permission de les accompagner dans leur excursion, dont
le but était assez éloigné. Cette proposition fut accueillie avec empressement.

Le temps invitait à la promenade : pas un nuage
ne ternissait l'azur du ciel ; une légère brise tempé-
rait les ardeurs du soleil de juillet.

Le tourbillon doré de Paris et de Versailles, les
plaisirs de la ville et de la Cour n'avaient point détruit, chez Dunstan, le goût de la campagne. Bien
différent en cela des gentilshommes mondains et
blasés, il avait gardé un sentiment très-vif des
beautés de la nature ; il aimait à les contempler
ailleurs que dans un décor d'opéra.

Avec ses sites pittoresques, ses horizons, tantôt
grandioses, tantôt gracieux, ses ruines d'antiques
forteresses, ses grandes forêts de sapins entrecou-
pées çà et là de riantes prairies, la Franche-Comté
le ravissait d'admiration. Jamais il ne revoyait sans
émotion son cher pays natal ; toutefois, ce jour-là, il
subissait plus particulièrement encore l'influence
dominatrice des souvenirs. Les paysages, qui se dé-
roulaient devant ses yeux, avaient conservé le

même aspect; Dunstan se reportait par la pensée à travers les années disparues. Comme jadis, il entendait le tintement argentin des clochettes, que les vaches laitières balançaient à leur cou en paissant l'herbe des pâturages, et cette charmante et mélancolique harmonie, à laquelle se mêlait le chant des pâtres vocalisant des roulades tyroliennes, berçait doucement sa rêverie.

Il échangeait ses impressions avec Mlle Descerniers, et tous deux se rappelaient les heures bénies de leur enfance. Tel arbre, tel sentier, tel ravin, le murmure d'une source évoquaient, dans leur mémoire, mille détails oubliés. Ce ruisseau, qui promène paresseusement ses ondes limpides, Dunstan l'avait, disait-il, traversé à gué, en soulevant dans ses bras sa petite amie effrayée. A son tour, et comme on passait le long d'une prairie, Christine rappela au Chevalier qu'en cet endroit il l'avait, une fois, protégée contre les atteintes d'un chien furieux.

— Oui, dit Dunstan, jadis j'étais votre défenseur; vous me nommiez votre Bayard. Je portais fièrement vos couleurs : vous étiez la dame de mes pensées; vous m'armiez chevalier avec une grande rapière enlevée à la salle des armures! Aujourd'hui, hélas! vous me traitez avec réserve... avec froideur... Il semble que j'aie perdu tout droit à votre sympathie. Et pourtant je voudrais vous servir, je voudrais vous prouver mon dévouement. Ah! je donnerais ma vie...

— Le temps dont vous parlez, Monsieur le Chevalier, est bien loin de nous, objecta Christine. Je ne supposais même pas que vous en eussiez gardé si fidèlement le souvenir. Vos idées se sont tellement modifiées dans la fréquentation des philosophes! Ah! je ne reconnais plus en vous le Bayard d'autrefois, mais bien plutôt, et pour votre malheur, le disciple de Voltaire!

— Alors vous n'avez plus confiance en moi?

— J'ai foi dans la franchise, dans la loyauté de votre caractère.

Le Chevalier hésita un instant, puis il reprit d'une voix tremblante :

— Eh bien! Mademoiselle, laissez-moi mettre cette confiance à l'épreuve. J'ai un secret à vous révéler, un conseil à vous demander : il y va de mes intérêts les plus chers, de ma destinée tout entière... Je vous vénère.... je vous.....

Une rougeur subite colora le visage virginal de Christine. Au trouble, aux réticences, à l'émotion profonde de Dunstan, la jeune fille pressentit un aveu qu'elle ne voulait pas entendre.

— Monsieur, dit-elle, en interrompant vivement le Chevalier, j'ai trop peu l'expérience du monde pour oser vous conseiller. Permettez-moi donc de ne pas accepter votre confidence.

Et, hâtant le pas, Christine rejoignit sa mère et la Baronne qui marchaient un peu en avant.

A partir de cet entretien, Dunstan se montra triste et soucieux. Tous les jours, aussitôt après le dîner de famille, il quittait le château et n'y revenait qu'à la nuit tombante. Il faisait de longues courses sans but à travers la campagne, comme pour dompter, par la fatigue physique, les violentes agitations de son âme.

Les événements de la politique le laissaient presque indifférent; ses auteurs favoris avaient perdu tout attrait pour lui. S'il essayait de se mettre au travail, il abandonnait bientôt la plume, sous l'empire d'un indicible découragement : le grand ouvrage philosophique qu'il avait entrepris depuis longtemps restait en suspens. Il recherchait la solitude et n'accompagnait plus sa mère dans les visites qu'elle rendait à Mmes Descerniers.

La Baronne observait son fils avec inquiétude;

elle se demandait si elle ne s'était pas trompée dans ses premières suppositions, si le Chevalier ne regrettait pas plutôt le séjour de la Capitale et les brillantes relations qu'il y avait laissées. Pour se délivrer de cette douloureuse incertitude, Mme de Trévillers, avec une discrétion délicate, interrogea Dunstan.

Loin de résister au désir de sa mère, le jeune homme y répondit par une complète franchise. Heureux de saisir, sans l'avoir provoquée, l'occasion d'épancher sa tristesse, il livra le secret de son cœur à ce confident, le meilleur et le plus sympathique de tous. En même temps il ne pouvait trouver un auxiliaire plus dévoué, un diplomate plus éloquent pour exposer et, au besoin, défendre sa cause auprès de son père, dont il fallait, avant tout, obtenir l'agrément.

La Baronne craignait de rencontrer, chez son mari, une certaine opposition à des projets d'avenir fondés sur une mésalliance. Dès le début de l'entretien, elle reconnut, avec joie, qu'elle s'était trompée. M. de Trévillers ne témoigna aucun déplaisir : l'orgueil de la race se laissa vaincre sans effort par l'affection paternelle. Il apprécia l'avantage moral qui résulterait, pour son fils, d'un mariage avec une jeune fille, dont il connaissait, dont il admirait la haute raison et la piété profonde. Peut-être aussi subissait-il, à son insu, l'influence des idées contemporaines. Le bouleversement des institutions politiques confondait alors toutes les classes de la société et il avait singulièrement affaibli les traditions nobiliaires, que l'on qualifiait hautement de préjugés.

La Baronne se promit donc de tenter une démarche décisive auprès de Mme Descerniers. La tâche d'ailleurs n'avait rien de difficile, car une confiance inaltérable régnait entre les deux amies : il s'agissait tout au plus de choisir le moment favorable.

Un jour, comme on vantait les bienfaits de l'éducation religieuse, la Baronne dit à Mme Descerniers :

— Ah ! si Dunstan se mariait, s'il épousait une jeune fille pieuse et de tout point accomplie, il secouerait le joug des philosophes, il abjurerait promptement leurs désolantes théories. Vous n'hésiteriez pas, j'en suis sûre, ma chère amie, à seconder mes vues afin d'atteindre un résultat si enviable ?

— Oh ! sans nul doute, car vous connaissez mon

attachement pour Monsieur le Chevalier. Mais je cherche vainement de quelle utilité je pourrais vous être en cette occurrence.

— Il dépend de vous, cependant, d'aplanir tous les obstacles : il vous suffirait d'obtenir l'aveu de notre chère Christine, car elle seule peut, en consentant à devenir ma fille, entreprendre et opérer la conversion de son ami d'enfance.

A ces mots, Mme Descerniers resta muette de surprise et de saisissement ; après plusieurs instants de réflexion, elle répondit enfin :

— Je suis profondément touchée, Madame, de la preuve d'estime dont vous nous jugez dignes. Ce témoignage honore particulièrement ma fille ; je vous remercie en son nom. Toutefois Christine ne s'attribue point tant de mérite que vous daignez lui en supposer.

— Sa modestie égale sa vertu, je le sais, reprit Mme de Trévillers, mais j'espère qu'elle ne résistera pas à mes instances.

— Madame la Baronne, dit Mlle Descerniers d'une voix mal assurée, je suis confuse de tant d'honneur... je vous supplie en grâce de renoncer à un projet... irréalisable.

— Et cependant, ma chère Christine, continua

Mme de Trévillers, si le bonheur de mon fils est entre vos mains, si depuis longtemps son cœur n'est plus libre!... Tenez, mon enfant, j'ai un reproche à vous adresser. Dunstan m'a tout avoué : quand il vous suppliait d'accueillir le secret d'où dépend son bonheur, son avenir, vous avez refusé de l'entendre. Ah! vous ne vous êtes pas montrée généreuse pour votre Bayard d'autrefois.

Mlle Descerniers ne contenait plus son émotion : une larme glissa de ses longs cils et tomba sur la main de Mme de Trévillers, qui venait d'effleurer la joue de la jeune fille en signe de correction amicale.

— Eh bien! ma chère Christine, reprit la Baronne, dois-je interpréter cette douce larme selon mes vœux? Oui, n'est-il pas vrai? Ah! je savais bien, ajouta-t-elle en s'adressant à Mme Descerniers, qu'une vive et mutuelle affection unissait depuis longtemps nos deux enfants.

— Permettez-moi, Madame, répondit Mlle Descerniers en faisant un visible effort sur elle-même, de vous offrir, après ma mère, l'expression de ma reconnaissance. Mais un obstacle insurmontable s'oppose à l'accomplissement de votre généreux désir. La sympathie seule ne suffirait pas à assurer le bonheur.

— Je ne vous comprends pas, chère mignonne ; veuillez m'expliquer votre pensée. Ne me devez-vous pas cette marque de confiance?

— Je vous dois plus encore, Madame, et mon dévouement pour vous est sans bornes. Je vous parlerai donc avec une entière sincérité. Selon moi, la condition essentielle d'où dépend la félicité d'une union, c'est l'accord absolu dans les idées religieuses. Depuis plusieurs années, Monsieur le Chevalier témoigne d'un grand éloignement pour la religion chrétienne.

— Mais précisément, comme je vous le disais tout à l'heure, mon enfant, et comme je vous le répète, vous seule pouvez ramener Dunstan à la vérité : en vous seule, je mets ma dernière espérance.

— Hélas ! Madame, ne m'accablez pas de votre bonté, n'insistez plus ! Il faut déjà posséder la foi pour recevoir dignement le divin sacrement « qui sanctifie l'alliance de l'homme et de la femme, en leur donnant la grâce de vivre chrétiennement ».

Ce suprême effort avait épuisé l'énergie de Christine; en achevant ces mots, toute tremblante, brisée de douleur, elle cacha son visage dans ses deux mains et fondit en pleurs.

L'excellente Baronne comprit l'état de ce jeune cœur : une telle souffrance l'émut vivement. Elle dit avec douceur :

— Christine ! ma chère Christine ! mon enfant ! calmez-vous. Il me reste une dernière faveur à vous demander ; ah ! celle-là, vous ne pourrez pas me la refuser : c'est d'unir vos prières à celles de votre bonne mère et aux miennes, pour obtenir de Dieu la conversion de Dunstan.

Quand elles furent seules, Mmes Descerniers s'entretinrent longuement, on le conçoit sans peine, de l'honorable demande qu'elles venaient de recevoir. En approuvant hautement la résolution de sa fille, la veuve ne disait pas cependant toute sa pensée : le cœur de la mère recouvrait ses droits et ne pouvait se défendre de caresser les plus douces illusions. Christine, au contraire, envisageait sans faiblesse la cruelle réalité. Les séductions de la fortune et du rang n'avaient point de prise sur son âme candide et sincère : elle était sous l'empire d'un sentiment plus élevé, elle ne voulait pas exposer pour des considérations humaines le trésor de sa foi.

D'un commun accord, Mmes Descerniers résolurent de rendre plus rares leurs visites au château, et, après plusieurs semaines, elles les suspendirent presque complétement. La Baronne, au contraire, restait fidèle à ses habitudes ; elle venait passer, comme de coutume, les après-dînées à la Chesnaie. On évitait, par délicatesse, toute allusion au passé ; d'ailleurs la préoccupation des événements politiques dominait maintenant celle des intérêts privés.

La Révolution poursuivait son cours tumultueux : comme un fleuve débordé, qui rompt ses digues et ne connaît plus de limites, elle renversait sur son passage les croyances, les lois, les institutions. L'avenir s'assombrissait de plus en plus ; d'épouvantables orages s'amoncelaient à l'horizon.

L'Assemblée Constituante s'était séparée, le vingt septembre, pour céder la place à l'Assemblée Législative. Il avait été décidé qu'aucun des membres de la précédente législature ne pourrait être réélu. La plupart des nouveaux députés avaient été choisis en haine de la Cour, de la Noblesse et du Clergé : leur mandat consistait à poursuivre, sans trêve ni merci, une lutte implacable contre la Monarchie.

Depuis son arrestation sur la route de Varennes, le malheureux Louis XVI, prisonnier dans le palais des Tuileries où la populace le gardait à vue, ne régnait plus que de nom. Ses titres honorifiques, ses prérogatives, les derniers lambeaux de son pouvoir lui avaient été ravis ; ses intentions étaient suspectées, ses paroles dénaturées, ses actes incriminés. Des diffamations atroces contre le Souverain et la famille royale se propageaient à l'aide d'immondes gravures et de vénéneux libelles. C'était frapper le Roi dans son honneur, avant de le frapper dans son existence ; c'était préluder, par la calomnie, à l'assassinat. L'arme du pamphlet une fois émoussée, on aiguiserait la hache du bourreau.

Les troubles les plus violents éclataient dans les grands centres de population du royaume. Des villes, le mal se répandait sur les campagnes. Les clubs s'organisaient de toutes parts, les moindres bourgades n'en étaient pas exemptes. Des émissaires, envoyés par les comités démagogiques de Paris, exaltaient les esprits, semaient la division, faisaient appel à la haine et à l'envie.

Au milieu de cette effervescence générale, les émigrations se multipliaient, et, pour en diminuer le nombre toujours croissant, l'Assemblée Législative, dans sa séance du neuf novembre, avait décrété que les émigrés seraient déclarés coupables de conspiration, poursuivis comme tels et punis de mort, s'ils ne rentraient avant le premier janvier de l'année mil sept cent quatre-vingt-douze.

La Baronne avait déjà, à maintes reprises, en s'entretenant avec ses amies ou avec son mari, manifesté le désir de quitter la France.

Cette résolution s'affermissait de jour en jour; car, depuis plusieurs semaines, à Trévillers même et dans les villages voisins, se manifestaient des projets redoutables contre les fortunes et les personnes. Des gens étrangers au pays avaient été vus parcourant les cabarets, sondant les consciences, cherchant à enrégimenter les cupidités pour grossir, de nouvelles recrues, l'armée du désordre et du brigandage. D'inquiétantes rumeurs circulaient dans la contrée, de sinistres menaces étaient formulées contre le château des « ci-devant seigneurs » de Trévillers.

3.

CHAPITRE IV

On était arrivé à la fin de l'automne, à cette époque de l'année où les premiers froids rassemblent la famille autour du foyer, où, d'ordinaire, les plaisirs de la conversation et de la lecture, d'inté-ressants récits, d'agréables distractions aident à tromper la longueur des soirées.

Mais, hélas! au mois de décembre mil sept cent quatre-vingt-onze, la gravité des événements ne permettait plus de goûter les douces joies de la veillée patriarcale : l'anxiété étreignait les âmes les plus énergiques.

Une seule lampe éclairait, de sa faible lumière, le grand salon où se trouvait réunie la famille de Tré-villers, et la demi-obscurité, qui régnait dans cette vaste pièce, ajoutait encore à la tristesse dont l'atmosphère semblait imprégnée.

Le feu s'éteignait, les tisons, épars çà et là dans l'âtre, se consumaient lentement; personne ne songeait à raviver la flamme du foyer, ni à lui fournir un nouvel aliment.

Le Baron et le Chevalier parcouraient les derniers numéros de la *Gazette de France* et de la *Correspondance de Paris*. Mme de Trévillers se laissait aller au cours de ses douloureuses pensées, impuissante à écarter les horribles pressentiments dont elle était assiégée.

Seuls les bruits du dehors venaient troubler le profond silence de l'appartement.

Le matin même, une revue des gardes nationaux avait eu lieu; le reste de la journée s'était passé en manifestations démagogiques. Les fortes têtes de la commune, les piliers de cabarets avaient tenu à affirmer leur civisme, en proclamant les immortels principes, les droits de l'homme et surtout l'abolition de la grande propriété.

A la suite de trop copieuses libations, les paysans, encouragés dans leurs secrètes convoitises, s'étaient mis graduellement à l'unisson des orateurs;

ils traduisaient leur approbation par des chants d'une énergie sauvage.

Parfois le souffle du vent apportait le son lointain du tambour ; parfois un coup de feu déchirait l'air de la nuit et provoquait des acclamations frénétiques. Puis tout retombait dans le silence : on n'entendait plus que le tic-tac du balancier de la pendule qui poursuivait sa régulière et imperturbable cadence.

— Hélas! dit le Baron après avoir terminé sa lecture, les nouvelles sont déplorables! Certains énergumènes de l'Assemblée osent publiquement conseiller de déposer le Roi.

— Cela se conçoit, mon père, répondit le Chevalier, le désir des novateurs est de proclamer la République.

— Quoi! mon fils, auriez-vous le malheur de souhaiter à la France cette forme de gouvernement?

— Tout en réservant mes sympathies personnelles, reprit Dunstan, pour la Royauté constitutionnelle, je suis obligé de constater que la République est le but des hommes nouveaux. Leurs efforts tendent à établir, chez nous, le régime en faveur duquel Monsieur de La Fayette et tant d'autres sont allés combattre dans les rangs des Américains révoltés contre la domination Anglaise. D'ailleurs la République n'aurait rien d'effrayant, si les philosophes se mettaient à la tête du mouvement. Le peuple changera de maîtres, voilà tout. Notre regretté Voltaire ne faisait pas de doute à ce sujet, quand il disait : « Je n'aime pas le gouvernement de la canaille. » Ce grand homme, soyez-en sûr, n'aurait pas accordé une parcelle de pouvoir à la multitude. Il voulait, avant tout, abattre les vieilles superstitions.

— Les vieilles superstitions! reprit le Baron d'un ton plein d'amertume; vous désignez ainsi le Christianisme, n'est-il pas vrai, mon fils? Ah! je vous plains! je vous plains sincèrement de persévérer dans vos funestes systèmes! Laissez-moi vous lire plusieurs passages de la lettre que le Roi vient d'adresser aux évêques. Vous verrez comme il nous invite, au milieu des périls de l'heure actuelle, à prier Dieu pour le salut de la France.

« Avez-vous lu cette lettre si remarquable à tant d'égards? » demanda-t-il à sa femme.

Sur la réponse négative de la Baronne, M. de Trévillers commença de lire à haute voix :

« Vous connaissez les troubles qui désolent mon

» Royaume; vous savez que, dans plusieurs provin-
» ces, des brigands et des gens sans aveu s'y sont
» répandus; que, non contents de se livrer eux-
» mêmes à toutes sortes d'excès, ils sont parvenus
» à soulever l'esprit des habitants des campagnes,
» et, portant l'audace jusqu'à contrefaire mes or-
» dres, jusqu'à répandre de faux arrêts de mon
» conseil, ils ont persuadé qu'on exécuterait ma
» volonté ou qu'on répondrait à mes intentions, en
» attaquant les châteaux et en y détruisant les di-
» vers titres de propriété. C'est ainsi qu'au nom du
» Souverain, le protecteur-né de la justice, au nom
» du Monarque, qui, je puis le dire, s'en est montré
» le constant défenseur pendant son règne, on n'a
» pas craint d'exciter le peuple à des excès, que les
» plus tyranniques oppresseurs n'auraient pas osé
» avouer.

» Ce n'est pas tout encore; un nouveau genre de
» calamité a pénétré mon âme de la plus sensible
» affliction : mon peuple, renommé par la douceur
» de ses mœurs et de son caractère, mon peuple,
» dans quelques endroits, heureusement en petit
» nombre, s'est permis d'être l'arbitre et l'exécu-
» teur de condamnations, que les dépositaires des
» lois, après s'être livrés au plus mûr examen, ne

» déterminent jamais sans une secrète émotion.

» Tant de maux, tant d'afflictions ont oppressé
» mon âme, et, après avoir employé, de concert
» avec l'Assemblée, tous les moyens qui restent en
» mon pouvoir pour arrêter le cours de ces dé-
» sordres, averti par l'expérience des bornes de la
» sagesse humaine, je veux implorer publiquement
» le secours de la divine Providence, espérant que
» les vœux de tout un peuple toucheront un Dieu
» de bonté et attireront sur ce royaume les béné-
» dictions dont il a tant de besoin. Accompagnez
» ces prières des exhortations les plus pressantes ;
» faites sentir à tous mes sujets que la prospérité
» de l'État, que le bonheur des particuliers dépen-
» dent essentiellement de l'exacte observation des
» lois. »

En ce moment des voix avinées se firent entendre
au loin ; elles hurlaient le refrain d'une chanson
bien faite pour flatter les instincts sanguinaires de
l'époque :

« Ah ! ça ira, ça ira, ça ira,
» Les aristocrates à la lanterne !
» Ah ! ça ira, ça ira, ça ira,
» Les aristocrates, on les pendra ! »

Le Baron continua :

« La violence ne peut jouir qu'un moment de ses
» succès et de ses prospérités criminelles ; on s'é-
» lève bientôt de toutes parts contre elle, et les
» hommes qui rompent le pacte social, ce fonde-
» ment de la tranquillité publique, en reçoivent
» tôt ou tard la peine inévitable. Nulle part les
» fortunes ne sont égales et elles ne sauraient
» l'être ; mais, quand les riches vivent sans dé-
» fiance au milieu de ceux qui le sont moins, leur
» superflu se reverse nécessairement sur l'indus-
» trie, le commerce et l'agriculture ; et, comme
» leurs jouissances sont bornées par les lois im-
» muables de la Providence, souvent ils sont moins
» heureux que ceux dont la vie, occupée par le tra-
» vail, se trouve à l'abri du tumulte des passions.
» Mais ce que vous devez surtout rappeler à mes
» sujets, c'est qu'en rassemblant autour de moi les
» représentants de la Nation, j'ai eu principale-
» ment à cœur d'adoucir le sort du peuple par
» toutes les dispositions qui me paraîtraient pou-
» voir se concilier avec les devoirs de la justice.
» Déjà, par un même esprit, les prélats, les sei-
» gneurs, les gentilshommes, les hommes riches

» de tout état se sont disputé à l'envi les moyens
» de rendre le peuple plus heureux; et, pour at-
» teindre à ce but, ils ont fait des sacrifices qu'on
» n'aurait pas eu le droit d'exiger d'eux. Exhortez
» donc tous mes sujets à attendre avec tranquillité
» le succès de ces dispositions patriotiques; éloi-
» gnez-les, détournez-les d'en troubler le cours par
» des insurrections, propres à décourager tous les
» gens de bien. Que le peuple se confie à ma pro-
» tection et à mon amour; quand tout le monde
» l'abandonnerait, je veillerais sur lui [1]... »

Tout à coup les tintements lugubres du tocsin,
sonné par les cloches des villages d'alentour, vin-
rent interrompre cette lecture.

Le Baron se leva aussitôt, et, s'approchant de
l'une des fenêtres, il souleva le coin d'un rideau :
il vit l'horizon empourpré des lueurs sanglantes
d'un immense incendie. C'était probablement un
château voisin qui payait sa dette à la démagogie.

M. de Trévillers laissa vivement retomber la dra-
perie, pour épargner à sa femme cette vue sinistre.

1. *Lettre du Roi aux archevêques et évêques de son Royaume.*
—Versailles, impr. royale, in-4.

— Mon Dieu! murmura la Baronne, mon Dieu! ayez pitié de nous! Écartez les dangers qui nous menacent!

Elle avait à peine achevé ces mots qu'un domestique, pâle de frayeur, entra précipitamment dans le salon, et, courant vers M. de Trévillers, lui dit à demi-voix :

— Monsieur le Baron, je viens de voir dans le parc, près d'ici, une bande de gens suspects.

— Fermez avec soin toutes les issues du rez-de-chaussée, à l'excéption de la porte principale. Et, ajouta le Baron, qu'on s'abstienne de toute démonstration de résistance.

Comme M. de Trévillers donnait ces ordres, des cris poussés par des voix discordantes, des vociférations se firent entendre, se rapprochant de plus en plus.

— Mais, mon père, dit le Chevalier, ne serait-il pas temps d'organiser la défense?

— Au nom du ciel, soyez prudent, mon fils. Promettez-moi de ne pas enfreindre mes prescriptions. Songez seulement à protéger votre mère, retirez-vous avec elle dans son appartement et ne la quittez sous aucun prétexte. Ne craignez rien pour moi. D'ailleurs, si j'avais besoin de vous, je vous préviendrais, en sonnant un appel avec cette trompe de chasse. Allez, mon fils, emmenez votre mère, fuyez par la porte dérobée.

M^mo de Trévillers se soutenait à peine ; acquiesçant au désir de son mari, elle trouva la force de s'éloigner, en s'appuyant sur le bras de Dunstan.

Le tapage du dehors avait cessé : évidemment les assaillants se consultaient. Un profond silence régnait dans le château, troublé seulement par des pas précipités et discrets et par le grincement des espagnolettes : les domestiques fermaient les volets intérieurs des fenêtres.

Le Baron s'assit dans un fauteuil, résolu à affronter tous les dangers, attendant avec calme les événements.

Bientôt le lourd marteau de la grande porte, violemment soulevé, retomba plusieurs fois avec fracas.

Exécutant fidèlement les ordres de son maître, Joseph, le vieux valet de chambre, ouvrit sans hésitation et conduisit immédiatement au salon cinq individus, portant des sabres au côté, des fusils de chasse en bandoulière et le pistolet au poing.

Ils entrèrent sans saluer. Du premier coup d'œil, M. de Trévillers constata qu'ils étaient étrangers au pays. Le regard fauve, l'air hardi et déterminé de ces hommes ne rappelaient en rien l'allure des paysans Comtois; leurs costumes hétéroclites n'indiquaient aucune profession.

Le Baron s'avança vers eux, en leur disant :

— Expliquez-moi sans retard le motif de votre présence dans ma maison, à pareille heure.

— Nous sommes, répondit brusquement l'un des intrus, les délégués des patriotes. Le peuple a faim : il est las de souffrir, il veut demander raison de sa misère aux accapareurs de la fortune publique.

— Joseph ! dit le Baron à son valet de chambre, qui était resté près de la porte, introduisez ici le plus que vous pourrez de ces braves gens.

— Inutile, c'est inutile, crièrent les émissaires, nous saurons bien défendre leurs intérêts.

L'un d'eux voulut même retenir Joseph, mais le fidèle serviteur avait déjà disparu.

— Vous le voyez, ajouta M. de Trévillers, je ne crains pas les témoins.

— Vous parlez bien haut devant les mandataires du peuple, repartit le chef de la bande. Vous croyez-vous encore en pleine féodalité ? Ah ! prenez garde, Monseigneur l'aristocrate !

— Je dédaigne l'injure comme je résiste à l'intimidation. Les habitants de ce pays n'ont besoin d'aucun intermédiaire pour communiquer avec moi, et je ne vous reconnais pas, à vous, le droit de pénétrer chez moi, la menace aux lèvres, les armes à la main.

— Vraiment! Eh bien! nous le prenons ce droit-là! Nous prendrons encore celui de vous montrer à nu les bonnes lames de nos sabres, et, s'il vous plaît de faire avec elles plus ample connaissance, vous serez servi à souhait.

En ce moment, on entendit sonner, à coups précipités, le beffroi du château et une vingtaine de paysans, presque tous pères de famille, entrèrent guidés par Joseph.

Les tintements redoublés de la cloche d'alarme, la vue des nouveaux arrivants déconcertèrent un peu les délégués.

Mais l'orateur de la bande se ravisa bientôt; heureux de trouver un auditoire, il reprit avec emphase :

— Citoyens et amis, nous, vos frères des villes, vos compagnons de misère et d'infortune, nous sommes venus ici pour revendiquer vos droits et les nôtres. Voici enfin l'heure de la réparation : ce tyranneau et ses aïeux se sont engraissés de vos sueurs! Ils ont bu votre sang, ces vampires! Ils vous extorquaient les plus belles gerbes de vos moissons, le meilleur vin de vos pressoirs! Ils vous condamnaient à battre les étangs, pendant la nuit, pour empêcher les grenouilles de troubler leur sommeil! Mais il est un terme à tant d'iniquités. Citoyens, vous n'êtes plus maintenant des serfs attachés à la glèbe, et nous allons brûler ensemble, sur la place du village, tous les titres féodaux des ci-devant Barons de Trévillers : après quoi, nous réclamerons une forte somme en bons écus d'or, dont nous disposerons au profit de la Nation.

— Et c'est en me menaçant, s'écria le Baron, c'est en me mettant le sabre sur la poitrine, que vous croyez obtenir ces concessions? Mes enfants, ajouta-t-il en s'adressant aux villageois groupés près de la porte, approchez-vous, formulez sans crainte vos griefs.

Mais les prudents campagnards s'obstinaient à garder le silence : ils se réservaient, sans doute, de régler leur conduite sur le résultat des événements, tout prêts à profiter des excès commis par les délégués, tout prêts à exterminer ces amis d'occasion, si la victoire demeurait au Baron.

Les émissaires comprirent bien le motif de l'hésitation des paysans. Aussi l'orateur de carrefour reprit-il avec plus de véhémence :

— Citoyens, l'Assemblée a aboli les priviléges ; citoyens, elle a supprimé les tyrans ; citoyens, elle a proclamé l'égalité, la liberté, la fraternité, la justice...

— Ne profanez pas ces mots, interrompit le Baron, vous qui, envahissant ma demeure, venez me demander la bourse ou la vie, comme des bandits. Ah ! vous espériez trouver, n'est-il pas vrai, parmi ces braves paysans, des complices de vos forfaits. Nous allons voir maintenant s'ils vous prêteront main-forte.

En achevant ces mots, M. de Trévillers sonna un vigoureux appel avec la trompe.

Aussitôt, à la grande stupéfaction des villageois et des délégués, Dunstan parut à la porte, tenant, de chaque main, un pistolet double ; cinq domestiques le suivaient, armés de fusils de chasse, barrant le passage aux campagnards déjà prêts à s'échapper.

— Mon fils, dit le Baron, ne faites rien avant d'avoir reçu mes ordres.

Puis, se tournant vers les émissaires :

— Déposez vos armes sur cette table à l'instant même, ou vous êtes morts.

Autant les délégués avaient montré d'audace, quand ils se croyaient sûrs du succès, autant ils montrèrent de lâcheté devant cette résistance inattendue. Ils obéirent, en tremblant, à une injonction aussi nettement formulée.

— Maintenant, dit le Baron à ses gens, faites sortir ces hommes. Et vous, ajouta-t-il en s'adressant aux paysans, et vous, mes enfants, ne laissez jamais surprendre votre bonne foi par des misérables de pareille espèce. Prenez les armes de ces brigands, je les confie à votre probité. Elles vous seront peut-être bientôt nécessaires pour défendre vos foyers. Allez, mes amis, retournez dans vos familles et restez désormais fidèles à vos devoirs et aux lois de l'honneur !

CHAPITRE V

L'heureuse influence exercée par le Baron sur les paysans avait conjuré l'imminence du péril : elle ne pouvait pas cependant inspirer une sécurité absolue pour l'avenir. Il convenait de ne point accepter, avec une aveugle confiance et sans restriction, un gage si éphémère de salut. Ces hommes étaient rentrés dans le devoir, mais leur retour aux sentiments de la probité et de la justice était-il sincère, spontané ? N'avaient-ils pas cédé à la crainte ? La contenance énergique de M. de Trévillers n'avait-elle pas seule décidé de l'issue favorable des événements ? Bientôt peut-être les villageois, subissant l'action d'émissaires occultes, écouteraient les conseils de la cupidité et de l'envie et renouvelleraient leurs odieuses tentatives.

Il n'était point possible de compter sur le joug salutaire de la morale. La Religion proscrite ne trouvait plus d'asile que dans les âmes d'élite, toujours fidèles aux inspirations de la sagesse : elle ne refrénait plus les appétits monstrueux d'un peuple déchaîné. L'immixtion de l'État dans l'Église augmentait encore les progrès de la corruption publique. La constitution civile du Clergé, imposée sous prétexte de nécessités politiques, avait pour but réel de discréditer les enseignements du Catholicisme. Condamnée par le Souverain Pontife, repoussée par la majeure partie du Clergé, la nouvelle organisation produisit un schisme douloureux dans l'Église de France. Les prêtres qui demeuraient soumis à l'autorité du Saint-Siége méritaient les terribles qualifications de *non-assermentés* ou de *réfractaires*, et ils étaient partout recherchés et traqués comme des malfaiteurs. Obligés de fuir, de se dérober aux poursuites, ils perdaient le droit de remplir ouvertement les devoirs de leur apostolat, ils ne possédaient plus les moyens de combattre les ravages des funestes doctrines, tandis qu'au contraire les ministres assermentés, préconisant les idées subversives des puissants du jour, attaquaient sans vergogne toutes les traditions du passé ! La chaire de vérité était devenue la chaire du mensonge, et les habitants des campagnes qui fréquentaient encore, par un reste d'habitude, la maison de Dieu, acceptaient volontiers des leçons où l'on justifiait leurs mauvais instincts et leurs tendances spoliatrices.

Le lendemain de cette nuit terrible, après quelques heures d'un sommeil fiévreux, la Baronne s'éveilla, brisée de fatigue; elle trouva près d'elle Mmes Descerniers. La veuve et sa fille, averties et rassurées par un billet que leur avait envoyé M. de Trévillers, étaient néanmoins accourues, dès les premières lueurs du jour; elles mirent en œuvre toutes les ressources de leur affection, pour calmer les angoisses et ranimer le courage de leur amie.

Le Baron et le Chevalier employèrent la matinée à rendre visite à leurs fermiers et aux gens sur le dévouement desquels ils pouvaient compter, dans le cas de nouvelles hostilités.

A son retour, M. de Trévillers pria Mmes Descerniers de rester à dîner au château, car on avait besoin de se réunir, de tenir conseil en de si graves occurrences.

Pendant le repas, la conversation se ressentit naturellement de la tristesse des esprits.

— Je crois le moment venu, dit la Baronne, de

chercher une retraite à l'étranger. Jusqu'ici l'hésitation était encore permise, mais l'attaque à main armée, dont nous avons failli être victimes, est un sinistre avertissement qu'il ne faut pas négliger.

— Chère mère, reprit le Chevalier, mon vœu le plus ardent est, vous n'en sauriez douter, de voir votre tranquillité assurée ; pourtant, ne vous exagérez-vous pas les dangers de la situation ? Un immense travail de réforme politique, de rénovation sociale, ne s'accomplit point sans quelques excès. Le peuple apprendra bientôt à ne plus confondre la licence avec la liberté ; il deviendra digne de ses destinées. D'ailleurs, ne vaut-il pas mieux tenir tête à l'orage ? Plusieurs châteaux, me direz-vous, ont été pillés et brûlés, mais les propriétaires, en fuyant, avaient laissé le champ libre aux malfaiteurs ! Sans aller chercher si loin des exemples, mon père, au contraire, par son énergie, par sa bonne contenance en face du péril, n'a-t-il pas désarmé la rébellion ?

— Mon fils, interrompit le Baron, vous voyez encore l'avenir à travers le prisme de vos illusions ; je ne puis m'associer à votre optimisme. Mais, j'en conviens avec vous, il est toujours douloureux d'abandonner le berceau de ses aïeux. On quitte au-

jourd'hui sa patrie : est-on sûr de la revoir jamais?
Qui pourrait assigner un terme à cette révolution?
Nulle force humaine ne saurait plus enrayer le mal.
Voilà où nous a conduits le culte de l'orgueil, le mépris de toute croyance, l'abandon de toute discipline. En s'alliant avec les philosophes, les gentilshommes ont sapé l'Église et la Royauté, c'est-à-dire
le pouvoir spirituel et le pouvoir temporel ; ils ont
méconnu l'autorité divine et l'autorité humaine.
Ah! nous expierons chèrement nos travers et nos
erreurs ! Nous avons fait école ; et certes nos imita-
teurs sont aujourd'hui nos pires adversaires. La
Bourgeoisie dépassera la Noblesse en scepticisme
et en audace, jusqu'au jour où le Peuple, à son
tour, exercera contre elle ses terribles revendica-
tions. Et tenez, Mesdames, il me faut vous rappor-
ter le navrant entretien que j'ai eu avec un habitant de ce village. Sous le langage vulgaire de cet
homme, langage dont je vous ferai grâce d'ailleurs,
j'ai trouvé une étonnante dialectique, des appréciations pleines de justesse et d'à-propos. Voici le sens
de ses paroles :

« Monsieur le Baron, me disait-il, la Noblesse a
» manqué à sa mission ; elle n'a pas rempli le rôle
» qui lui était départi. Il appartenait aux grands et

» aux riches de diriger, de protéger, de secourir les
» classes inférieures. Votre égoïsme, au contraire,
» a creusé un abîme entre nous. Au lieu de la sym-
» pathie et de la reconnaissance, vous avez suscité
» la haine. Votre hauteur, votre fierté souveraine,
» vos suprêmes dédains ne se pouvaient plus tolé-
» rer. On se réjouit maintenant de les voir abaissés;
» on vous applique la peine du talion : on vous
» rend répugnance pour répugnance et mépris pour
» mépris. Nous autres, paysans, ne sommes-nous
» pas pour vous des étrangers? Nos affaires ne vous
» préoccupent que si vous en retirez un profit di-
» rect. Votre existence s'est écoulée au château;
» nos chaumières, nos misères vous sont restées in-
» connues ou indifférentes. Votre orgueil de caste
» avait tracé une ligne de démarcation; si vous la
» franchissez aujourd'hui, si vous venez à nous, di-
» sons mieux, si vous daignez descendre jusqu'à
» nous, c'est pour sauvegarder vos intérêts compro-
» mis. Mais il est trop tard, le Peuple vous renie;
» il repousse vos avances; il brise les liens poli-
» tiques qui l'unissaient à vous comme vous avez,
» dans tous les temps, brisé les liens de la charité
» chrétienne qui devaient vous unir à lui. Enfin,
» défendez vos droits, si vous le pouvez, le Peuple

» connaît les siens : l'heure est venue de compter » avec lui. » — Hélas! dit en terminant M. de Tré-villers, la France est moralement dévoyée : nous arrivons à la décomposition sociale.

Les paroles du Baron produisirent une profonde impression : la consternation se lisait sur tous les visages. Dunstan se mordait les lèvres, impuissant à réfuter cet acte d'accusation dressé contre la No-blesse.

Après un long silence, Christine dit à Mme de Tré-villers :

— Madame la Baronne, il serait dangereux de se dissimuler la gravité de la situation : l'odieuse ten-tative de la nuit dernière a échoué, il est vrai ; mais, dans un prochain avenir, notre pays, comme les autres provinces, subira sans doute de redoutables épreuves. Or vous pouvez facilement vous retirer en Suisse : quelques mois d'absence vous permettront de voir les affaires politiques se dessiner nettement, et vous attendrez, en toute sûreté, le dénoûment de la crise.

— Vous parlez selon mes vues, ma chère enfant, repartit la Baronne ; j'engage de nouveau Monsieur de Trévillers à suivre votre sage conseil.

Le repas touchait à sa fin ; comme le temps était

beau, la Baronne proposa de faire un tour de promenade dans le parc.

Le Chevalier offrit son bras à Christine, qui l'accepta, après avoir toutefois hésité un instant.

— Pourquoi donc, Mademoiselle, dit aussitôt Dunstan avec une certaine vivacité, avez-vous engagé ma mère à quitter ce pays? Vous n'ignorez pourtant pas combien il me serait pénible de vivre loin... de Trévillers.

— Mon plus grand désir, Monsieur le Chevalier, c'est de savoir vos chers parents à l'abri des malheurs qui les menacent.

— Mais, si réellement l'avenir vous inspire tant de craintes, pourquoi Madame votre mère ne nous accompagnerait-elle pas?

— Oh! deux pauvres femmes ne courent aucun risque. La tempête passerait au-dessus de ce village, sans frapper notre modeste existence.

— Pourtant, enfin, si ma mère vous proposait de partager notre asile?

— Nous refuserions encore, tout en lui exprimant notre profonde, notre éternelle gratitude pour son offre généreuse. Mais laissons là les vaines hypothèses, Monsieur le Chevalier; n'hésitez pas à partir.

— Quoi? je pourrais vivre dans une lâche sécurité, tandis que vous seriez exposée à tous les dangers! Et, si vous étiez menacée, qui donc vous protégerait? Où trouveriez-vous un bras pour vous défendre? Ah! Christine!

En entendant ainsi prononcer son nom, la jeune fille ne put dissimuler l'émotion qu'elle éprouvait et son visage s'empourpra légèrement.

Dunstan s'aperçut du trouble de Mlle Descerniers. Il reprit aussitôt :

— Ah! pardonnez-moi cette familiarité, cette douce et fugitive réminiscence du passé. L'heure est solennelle, je désirerais vous parler à cœur ouvert, veuillez m'entendre : accordez cette faveur à celui qui peut-être ne vous reverra jamais plus. Laissez-moi vous rappeler d'abord les plus belles années de ma vie, celles de notre enfance, quand les jours s'écoulaient paisiblement, nous apportant les mêmes joies et les mêmes devoirs. Moi, votre aîné de cinq ans, fier du privilége de mon âge, je vous apprenais à lire dans le syllabaire; je dirigeais vos petits doigts sur le papier, pour vous aider à tracer vos premières lettres. L'élève ne tarda pas à égaler le professeur, et, dès lors, nous rivalisions de zèle; nous gravions dans notre mémoire les mêmes fables nous lisions attentivement les mêmes pages, pour satisfaire aux exigences du maître. Ah! l'heureuse époque! De quelles suaves impressions, de quels charmes ineffables elle remplit mon âme! Quand mon père décida de m'envoyer à Paris pour compléter mes études, vous aviez douze ans alors. Vous souvient-il du jour de mon départ? Oh! pour moi, je ne l'oublierai jamais! je vous vois encore me prenant la main; j'entends encore le son de votre douce voix : « Au revoir, mon cher Dunstan, me disiez-» vous, en versant des larmes, au revoir. Restez tou-» jours fidèle à Dieu, aimez toujours vos parents. » Pensez aussi parfois à la pauvre Christine, et priez » pour elle comme elle priera pour vous! » Par une attention délicate, vous aviez glissé, dans l'une de mes malles, un petit catéchisme, sur la première page duquel vous aviez écrit: « Offert à Dunstan par Christine, par Christine très-malheureuse. » Ah! il faut bien l'avouer, je n'ai point fait usage de ce livre, mais j'aimais à relire cette chère dédicace, cet élan de votre cœur, et, bien souvent, dans les moments difficiles de la vie, au milieu des déceptions et des peines, pour me consoler, j'aimais à évoquer la douce image de ma petite amie : cette pensée suffisait à rasséréner mon âme. Lorsque, après

trois années, j'eus fini mes études, j'aspirai à jouir
de ma liberté. Grâce à la protection des amis de ma
famille, je fus présenté à la Cour et admis au nombre
des Pages de la Reine. Mon nom, ma position m'ouvrirent les cercles les plus brillants de la Capitale.
J'y rencontrais, tous les jours, les illustrations de la
science et de la philosophie, les sommités de la politique et de la littérature. Une révolution s'accomplit en moi ; le voile de ténèbres, qui limitait la
portée de mes regards, tomba : dans l'horizon lumineux, je vis se dessiner la terre promise de l'intelligence. Un monde nouveau se révélait à moi : j'é-
prouvai le mâle orgueil d'un Christophe Colomb
découvrant un continent inconnu. Moi aussi, m'é-
criai-je, je suis philosophe ! Et je saisis avec orgueil, avec enthousiasme, ce drapeau, qui devra
guider l'humanité vers les hauteurs de la civilisation. Enivré de mes succès et des applaudissements
que les maîtres de la nouvelle école me prodi-
guaient, j'espérais, à mon retour ici, vous convaincre facilement et partager avec vous la joie de
votre initiation. Hélas ! j'ai échoué, je le confesse
très-humblement. Cependant, en vous revoyant
après ces années d'absence, je fus frappé du changement survenu dans vos rapports avec moi. Je

n'étais déjà plus pour vous l'ami d'enfance; vous me nommiez : « Monsieur Dunstan »; aujourd'hui vous m'appelez : « Monsieur le Chevalier »; enfin la confiance, l'intimité d'autrefois n'existent plus. Pourtant, si les convictions de mon esprit se sont modifiées, mes sentiments sont demeurés les mêmes; et, en interrogeant mon cœur, je sens que, loin de s'affaiblir, mon affection pour vous, Mademoiselle, s'est accrue avec le temps. Je m'étais fait une illusion bien douce, je nourrissais une consolante espérance, je vous considérais comme un refuge tutélaire contre les agitations du monde, je croyais enfin trouver le bonheur dans une union qui est le rêve de ma vie. Maintenant vous connaissez mon secret; me laisserez-vous sans espoir?

Après un moment de silence, Christine repartit, avec une gravité empreinte de tristesse :

— Monsieur le Chevalier, il n'appartenait qu'à ma mère de répondre à une semblable demande. Mais vous m'interrogez, je me rends à votre désir : je tâcherai de vous imiter par une entière franchise. Je ne dissimulerai pas la profonde émotion que j'ai ressentie, en vous entendant rappeler les souvenirs de notre enfance; maintenant je m'efforce de les

effacer comme une pensée inutile et peut-être dan-
gereuse. Si vous voulez connaître la cause de cette
résolution, j'aurai la douleur de vous la dire. A cette
époque d'innocentes félicités, dont vous évoquez la
pure mémoire, nos deux âmes étaient confondues
dans une même idée de soumission et de dépen-
dance envers Dieu; nous avions la même foi; nous
pratiquions, vous l'avez dit, les mêmes devoirs; la
même fidélité nous attachait à la religion dans laquelle nous sommes nés. Aujourd'hui, hélas! il n'en
est plus ainsi : l'un de nous a trahi ses serments, il
a renié son Dieu pour obéir aveuglément à ceux
qui le blasphèment. Il a fait cause commune avec
les ennemis du Christianisme. C'est un grand malheur, Monsieur Dunstan; une pareille désertion,
dût-elle vous procurer un royaume, n'en serait pas
moins, à mes yeux, la plus irrémédiable des catastrophes. Or, dans la triste condition morale où je
vous retrouve, l'union que vous me proposez est
impossible, car elle serait privée de l'accord nécessaire, de la confiance indispensable au bonheur mu-
tuel. Nos serments, prononcés à la face du Ciel, seraient autant de parjures : l'un de nous ne douterait-il
pas de leur sainteté? Pour vous parler ainsi, je fais
appel à tout mon courage, croyez-le, mais je préfère-

rais la mort au danger de compromettre le salut de mon âme.

Dunstan avait écouté Christine sans l'interrompre. Le langage de la jeune fille lui causait autant de souffrance que de découragement. Il comprenait l'étendue de son malheur ; il ne conservait même pas l'espoir de vaincre la résolution de Mlle Descerniers. A peine essaya-t-il de se défendre, en disant :

— J'avoue bien des torts, toutefois je ne croyais pas mériter un arrêt si sévère. On peut, selon moi, vivre unis, sans partager les mêmes idées religieuses.

— Telle n'est pas mon opinion, Monsieur le Chevalier : tôt ou tard, l'isolement deviendrait inévitable. Adieu ! dit-elle ensuite, en lui tendant la main, adieu ! n'hésitez plus à partir. Oubliez Christine, dont les prières cependant vous suivront partout. Les adversités de la vie, en ces temps difficiles, vous rappelleront peut-être qu'il n'y a que Dieu, pour sauver du naufrage ceux mêmes qui ont eu le malheur de l'abandonner.

Le Chevalier n'insista plus. Il s'éloigna, l'âme débordée de tristesse.

Pourtant, s'il eût osé jeter un dernier regard sur la jeune fille, il aurait aperçu des larmes dans 'les yeux de son amie d'enfance.

CHAPITRE VI

Au commencement de l'année mil sept cent quatre-vingt-douze, une tentative d'émigration présentait les plus sérieux obstacles. Les grandes routes étaient sillonnées par les émissaires des comités. Tout voyageur, qui s'aventurait sans passeport, était inévitablement arrêté. La seule chance de salut, c'était de gagner la frontière pendant la nuit, en évitant les chemins fréquentés.

C'est ainsi qu'on inaugurait le régime de là liberté : la France se transformait en une immense prison, où les patriotes, vigilants geôliers, retenaient captives les victimes, dont ils allaient bientôt devenir les bourreaux. Toutes les issues étaient rigoureusement gardées et les provinces frontières étaient l'objet d'une surveillance spéciale.

Depuis plusieurs semaines, le Baron et le Chevalier combinaient avec soin les moyens de passer en Suisse, et cependant deux lieues à peine séparaient Trévillers du territoire étranger. Sans doute un voyage, fait de nuit et à pied, à travers la forêt d'Urtière, offrait des chances de succès, mais un tel trajet, au milieu de chemins presque impraticables, était plein de périls et de fatigues pour la Baronne.

D'ailleurs les émigrants ne pouvaient s'éloigner sans emporter les objets les plus précieux, car, en fuyant, ils désignaient certainement le château à la dévastation et au pillage. Bien des difficultés entravaient la réussite : charger des voitures en présence des domestiques, sans avoir recours à leur aide, c'était, de gaieté de cœur, provoquer les soupçons ; or l'infidélité d'un serviteur suffisait à tout compromettre. En comptant même sur la discrétion de la livrée, il fallait encore conduire les chariots au delà de la frontière, en traversant Goumois, le dernier village de France, où précisément un poste d'observation était établi.

Le Baron confiait ses perplexités à Mme Descerniers.

— Parmi mes gens, disait-il, il en est deux dont je me méfie : le piqueur et le palefrenier. Joseph, mon valet de chambre, les a surpris en flagrant délit de conversation avec Arnoux, cet insigne maroufle qu'on a nommé maire du village.

— Il faut donc absolument les éloigner, répondit Mme Descerniers; mais comment? Ah! je ne saurais vous recommander trop de prudence.

— Sans doute, Madame. Cependant j'ai peut-être trouvé un expédient. J'enverrai le piqueur porter une lettre à Besançon; cette lettre, adressée à l'un de mes meilleurs amis, sera à peu près ainsi conçue :

« Forcé par économie de congédier mes gens, je
» vous envoie le porteur de la présente, et je vous
» prie de lui remettre cinquante pistoles, dont je
» vous tiendrai compte à notre première entrevue;
» vous m'obligeriez beaucoup, en usant de votre in-
» fluence pour le caser dans une administration pu-
» blique : c'est d'ailleurs, je vous le certifie, un
» excellent patriote. »

Prévenu d'avance, mon ami comprendra mes intentions à merveille. Trois jours après, je chargerai le palefrenier d'une semblable mission, en prétextant un oubli de nature à nécessiter l'envoi d'un deuxième exprès. Ces drôles s'empresseront d'ouvrir les lettres, afin de s'assurer si elles ne fournissent pas matière à une bonne dénonciation contre leurs maîtres. Mais voilà où je les attends : sans nul doute, l'éloquence des cinquante pistoles à toucher ne manquera pas son effet ; il faut deux grandes journées pour se rendre à pied à Besançon, et, une fois arrivés dans cette ville, mes deux marauds ne songeront plus à revenir.

— Votre plan est fort bien conçu, répondit Mᵐᵉ Descerniers ; il ne vous reste plus maintenant qu'à trouver un voiturier obligeant et sûr ; j'ai votre affaire : Marcellin Goudron, mon fermier ; c'est un homme de la vieille roche : confiez-vous à lui sans la moindre hésitation ; il se mettra à l'œuvre immédiatement après le départ de vos valets.

M. de Trévillers ne s'était pas trompé sur la vertu civique de ses deux serviteurs. Le premier messager revint, presque aussitôt, dire à son maître, d'un air désolé :

— Ah ! Monsieur le Baron, quel malheur ! je n'oserais plus porter cette lettre : par une maladresse inconcevable, j'ai brisé la cire qui la scellait.

— L'accident est facile à réparer, répliqua M. de Trévillers, et, refermant le billet, il y imprima de nouveau ses armes.

Pareille mésaventure arriva à la seconde dépêche,

dont le cachet fut rétabli sans plus d'observations.

Après le départ des deux patriotes, le brave fermier, Marcellin Goudron, se conformant aux recommandations de Mme Descerniers, introduisit discrètement, à la faveur de la nuit, son chariot dans l'arrière-cour fermée du château. On plaça, sur l'humble véhicule, les caisses contenant l'argenterie, les bijoux, les objets les plus précieux ; puis on les recouvrit de fourrage, et le chargement s'effectua de manière à défier l'œil le plus investigateur, tant les bottes de paille avaient été artistement entassées.

A dix heures du matin, le prudent Marcellin se mit à la tête de son attelage : il venait de gagner le grand chemin, quand il vit s'avancer vers lui le soupçonneux Arnoux.

— Eh ! citoyen Goudron, dit le maire, où vas-tu comme ça, avec une voiture sortant de la cour du château ?

— Hue ! dia ! criait, de toutes ses forces, Goudron, en feignant de ne pas entendre l'importun.

— Tu fais bien le fier, aujourd'hui, reprit l'édile du village. Répondras-tu ?

— Ah ! c'est vous, M'sieur le citoyen maire ! Je vous demande pardon ; il faut m'excuser : je m'occupais à sortir de cette maudite ornière ; heureusement me voilà dégagé. Eh bien ! vous le voyez, je conduis de la paille ; à votre service, si le cœur vous en dit.

— Ce chargement t'appartient ?

— Oui et non. Monsieur le ci-devant citoyen Baron ne veut plus garder de chevaux, et, naturellement, il vend son fourrage. Si vous en voulez, il y en a encore à la grange.

— Où mènes-tu cette charretée ?

— Je l'ai acquise, et, malgré la disette d'écus, je l'ai payée. Ah ! par exemple ! l'argent n'est pas sorti de ma bourse, car je n'ai plus un rouge liard dans ma pochette.

— Explique-toi.

— Ma fi ! c'est bien simple : mon beau-frère, vous le connaissez bien ? Josillon de Goumois ?... hein ? me dit comme ça, l'autre jour : — « Marcellin, » trouve-moi donc deux ou trois mille bottes de » fourrage. Votre village est grêlé d'assignats, il » doit avoir besoin de monnaie : je paierai comp-» tant en beaux et bons écus. » — Avez-vous du foin à vendre, M'sieur le citoyen maire ?

— Si j'en avais, ce ne serait certes pas pour toi, aristocrate !

— Eh bien! ce sera pour d'autres, M'sieur le citoyen maire! Hue! dia!

Et Goudron se remit tranquillement en marche. Il était sorti d'un mauvais pas ; cependant le plus malaisé de sa tâche restait à aborder. Il fallait passer devant le poste militaire de Goumois, occupé par des gardes nationaux du pays. Mais Marcellin avait plus d'un tour dans sa gibecière. Le fin matois allait de l'avant, parfaitement rassuré, prêt à toute éventualité. Il descendit la côte longue et difficile qui vient aboutir sur le Doubs, au pied du village.

En arrivant devant le poste, il vit plusieurs gardes nationaux disposés à lui barrer le passage, il leur cria :

— Dites donc, les amis, je vais remiser ma paille chez Josillon. Dans une heure, après avoir bu chopine, je repasserai à vide ; si, les uns ou les autres, vous voulez profiter de ma voiture, pour remonter la côte, vous savez, je la mets à votre service.

A deux pas du corps de garde, était assis l'officier du poste. Cet homme s'efforçait de jouer un personnage et visait à l'importance. Jadis il s'était montré fier de son titre de marguillier, mais depuis il avait donné des gages de civisme et de courage, en dénonçant et en faisant arrêter le vieux curé de son village : ce qui lui avait valu, en récompense, d'être nommé par le suffrage au grade de lieutenant dans la garde nationale. Il s'écria, d'un ton rogue :

— Halte-là! et réponds : pourquoi conduis-tu cette paille à l'étranger?

— Ah! je vais vous le dire, mon commandant; on ne peut pourtant pas laisser les Suisses mourir de faim.

— Tu es un mauvais citoyen; tu prives la Nation d'une précieuse ressource.

— Oh! que nenni! mon officier! les écus seront bien plus utiles au pays. Vous savez, autrefois on disait : « Pas d'argent, pas de Suisses! » voyez comme tout change, nous disons aujourd'hui : « Pas de Suisses, pas d'argent! »

— La Nation a donc ordonné la vente de ce fourrage?

— Pardine! vous devinez juste, mon capitaine! malgré ma consigne, il n'y a pas moyen de vous rien cacher. Vous avez trop d'esprit, pour un pauvre homme comme moi.

— Auras-tu d'autres convois?

— Encore deux, et ensuite vous verrez autre chose.

— Explique-toi.

— J'ai déjà trop causé, mon colonel. Si vous êtes ici, dans trois ou quatre jours, vous serez le premier à tout savoir.

Après ces derniers mots, Goudron lança un coup de fouet à ses chevaux, cria : Hue! dia! et enfila le mauvais pont de bois, mi-parti français, mi-parti suisse. Il était arrivé à bon port.

Le chariot entra immédiatement dans la grange de Josillon. Ce dernier, prévenu en temps utile, s'était arrangé de façon à décharger les caisses, seul avec le fermier.

Deux autres voitures pénétrèrent ainsi, les jours suivants, sans plus d'encombre.

Tout allait au gré du Baron. Il ne restait plus aux émigrants qu'à gagner promptement la frontière. On résolut de partir, au milieu de la nuit, en suivant le chemin indiqué par Dunstan à travers les forêts de sapins.

M. de Trévillers regrettait de ne pouvoir faire passer en Suisse ses chevaux et sa berline; il s'en ouvrit à Goudron, à l'instant du départ.

— Ah! Monsieur le Baron, c'est pourtant bien facile, et, si vous y tenez, Monsieur le maire, lui-même, daignera prendre la peine de conduire l'attelage à une lieue au delà de Goumois.

— Tu perds la tête, mon pauvre Marcellin ?

— Fiez-vous à moi, Monsieur le Baron, reprit Goudron : demain, à midi, votre équipage sera rendu et remisé à l'auberge d'*Helvétie*.

Le soir, au moment où onze heures sonnaient à l'église de Trévillers, la famille quitta le château, traversa le parc, et sortit par une petite porte donnant sur la campagne.

La nuit était profonde : de gros nuages couvraient le ciel, et ne laissaient percer ni la clarté de la lune, ni la lueur des étoiles.

Dunstan, bien armé, s'avançait le premier ; il connaissait, en chasseur, les moindres accidents de terrain et les inextricables détours de la forêt. Bientôt la caravane pénétra au plus épais des sapinières. Les difficultés devenaient sérieuses pour Mme de Trévillers ; personne ne pouvait l'aider à diriger ses pas dans un sentier trop étroit pour marcher deux de front.

Cependant, vers les trois heures du matin, on arrivait sur les hauteurs d'Urtière ; la moitié de la course, et la plus pénible, était faite. Après un repos nécessaire, on continua le voyage, en descendant le revers de la montagne, et, peu d'instants avant les premières clartés du jour, on atteignit heureusement les bords du Doubs, dans un lieu désert où le valet de chambre attendait, avec une barque amarrée à la rive.

La Baronne se soutenait à peine : ses forces étaient épuisées; l'extrême fatigue ne lui aurait pas permis d'accomplir un plus long trajet. Les fugitifs passèrent la rivière sans accident, et ils s'enfoncèrent de nouveau dans le bois; mais on était en Suisse, la vie sauve, à l'abri de tout danger.

Le hasard fit bientôt découvrir une ferme, à l'extrémité de la forêt : les voyageurs ne craignirent pas d'aller y demander l'hospitalité. Après une collation champêtre, ils purent goûter quelques heures de repos. Ensuite M. de Trévillers loua une voiture, pour gagner le lieu du rendez-vous assigné par Goudron.

Vers le soir, on arriva à l'auberge d'*Helvétie*. L'hôtelier annonça qu'un cocher, avec son équipage, attendait M. le Baron de Trévillers. Quant à Marcellin, il était déjà reparti depuis longtemps.

Nous allons raconter comment le madré villageois avait réussi à remplir la mission dont il s'était chargé.

Il avait d'abord prévenu le cocher de tenir les chevaux et la berline prêts pour le lendemain. Dès le matin, à la première heure, il se rendit chez Arnoux, qu'il trouva occupé à huiler les batteries d'une paire de vieux pistolets d'arçon.

— Hé! bonjour, M'sieur le citoyen maire, je suis bien content de vous rencontrer.

— Qui t'amène, de si bonne heure ?

— Morguienne! Voilà des armes avec lesquelles il ne ferait pas bon jouer.

— Cela pourrait cependant arriver un jour. Mais explique-moi le but de ta visite?

— Saperlotte! vos pistolets sont-ils chargés? La vue de ces instruments me donne toujours froid dans le dos.

— Arriéré nigaud, où as-tu donc les yeux? Les batteries sont démontées.

— Ah! dame, s'il restait encore un tantinet de poudre dans ces engins-là...

— Trève de sottises, triple aristo, et viens au fait.

— Bien sûr, je ne demande point mieux; mais soufflez donc un peu dans les canons, pour voir...

— Crétin de royaliste, ta stupidité dépasse toutes les bornes! Allons, parle sur-le-champ, ou je te fais arrêter.

— Je puis donc m'asseoir, en sécurité, vis-à-vis de

ces pistolets? Alors je commence : sommes-nous seuls?

— Pourquoi cette question ?

— Ma fi! j'ai un secret à vous dire, et, dame, je ne voudrais pas être vendu !

— Diable! un secret? Il s'agit du château, je parie ?

— Vous avez deviné juste, mais je ne dirai plus rien, car... si on nous écoutait... Vous savez?... les murs ont des oreilles !

Malgré son impatience, le maire fut bien obligé de se rendre au désir de l'opiniâtre fermier.

— Voyons, dit-il, en revenant s'installer à sa place, les portes sont closes; personne ne nous entend. Prends cette chaise, là, mets-toi près de moi et parle. Que se passe-t-il au château, mon cher, mon excellent Marcellin ?

— Mais rien, absolument rien d'extraordinaire.

— Pourtant, fieffé animal, tu m'affirmais tout à l'heure...

— Ah ! voilà! si encore vous me promettiez le secret!... Enfin, tant pis! je me risque. Je connais un bon coup à faire. Vous conviendrait-il de gagner quatre cents, peut-être six cents, peut-être huit cents livres?

— Parbleu ! sans doute, mon bon Marcellin ! Mais de quoi s'agit-il ?

— Avant tout, je veux avoir la moitié des bénéfices ?

— Comment, la moitié ? tu n'es pas difficile !

— C'est comme ça !

— Allons, sois donc raisonnable ; tu te contenteras bien du quart ?

— Nenni, c'est à prendre ou à laisser.

— Mais, gredin, tu me rançonnes comme un usurier !

— Alors n'en parlons plus, citoyen Arnoux, et bonsoir la compagnie !

Le maire vit qu'il se heurtait à la ténacité la plus invincible. Après un moment de réflexion, il consentit, de bonne grâce, et accepta les conditions du partage, tout en se promettant de garder pour lui la totalité du gain.

— Tòpe là ! reprit-il, c'est convenu. Maintenant expose-moi ton projet.

— Vous savez, commença enfin Goudron, que notre ci-devant seigneur n'a plus d'argent. L'autre jour il me dit : — « Marcellin, puisque tu as vendu ma paille » et mon foin, ne pourrais-tu pas trouver, en Suisse, » un acquéreur pour mes chevaux et ma berline ? » —

Je lui réponds comme ça : « Citoyen ex-Baron, on y
» pensera. » — Là-dessus, j'en ai parlé à mon beau-
frère, et Josillon m'a dit : « Justement c'est jouer
» de bonheur ! je connais un richard, qui ne deman-
» dera pas mieux. » — En effet, le richard est tout disposé à faire l'emplette ; il a promis à Josillon de se
trouver aujourd'hui, vers dix heures du matin, à l'auberge d'*Helvétie*, avec de l'argent en poche. J'ai
carte blanche du ci-devant, il ne s'agit plus que
d'aller cueillir les pistoles. Voulez-vous me laisser
achever tout seul la besogne ?

— Non, mon petit Marcellin. Je ne manque pas
précisément de confiance en toi, mais, en affaires, il
faut voir par ses propres yeux. Je vais manger un
morceau, puis j'irai, de mon côté, en Suisse.

— Il me vient une idée, Monsieur Arnoux. Si
nous partions ensemble, avec la berline, comme
deux ci-devant seigneurs ? Ma fi ! vous les valez
bien ! Nous prélasser dans une bonne voiture, être
menés par le cocher d'un noble, ce serait drôle, et
nous économiserions la fatigue de nos jambes !

Le maire, comme tous les gens de bas étage,
fort désireux de sortir de l'obscurité, se trouva flatté
de donner libre carrière à sa vanité et de parader en
carrosse. Ne consultant que son amour-propre, il

goûta parfaitement la proposition, sans se douter du piége.

— Va, dit-il, prépare l'équipage et viens me prendre ici; ne perds pas de temps. Tout le village me verra monter dans la berline armoriée de notre ci-devant. On me croira envoyé, par le Gouvernement, en mission extraordinaire.

— Avant une heure, je serai ici. Mais n'oubliez pas votre écharpe, votre chapeau, et surtout, surtout votre beau plumet. Moi, je me tiendrai tapi dans le fond de la voiture, personne ne me verra; tout l'honneur sera pour vous.

Le rusé paysan fut exact au rendez-vous; il avait donné ses instructions au cocher. Ce dernier vint, à grand fracas, faire piaffer ses chevaux devant la porte du maire. Le citoyen Arnoux ne tarda pas à paraître, ceint de son écharpe tricolore, la tête ornée d'un chapeau superbement empanaché. Il ouvrit avec gravité la portière, monta en voiture, et dit au cocher :

— Citoyen, en Suisse! par Goumois!

Les villageois étaient demeurés ébahis, stupéfaits devant un spectacle aussi inattendu. Le solennel départ du maire Arnoux fut bientôt l'objet de toutes les hypothèses et de tous les commentaires.

Comme on descendait vers le village de Goumois, Goudron dit, de son air le plus naïf :

— M'sieur le maire, un pauvre diable d'administré, comme moi, ne peut guère rester dans l'intérieur d'un équipage, à côté du premier magistrat de son endroit. Nous vivons sous le règne de l'égalité, mais n'empêche : ce serait vous manquer de respect. Je connais les bienséances ! Si je me plaçais près du cocher ?

— Ma foi ! tu as raison, monte vite ; après tout, il faut ménager les convenances !

Le cruel Marcellin ne balança point : il grimpa sur le siége. Cinq minutes après, la berline s'arrêtait devant le poste de Goumois.

— D'où vient cette voiture ? dit l'officier, d'un ton brusque. Où va-t-elle ?

— Ah ! mon commandant, cria Goudron, de toutes ses forces, voici : je suis requis par le citoyen maire de Trévillers, pour l'accompagner en Suisse, en qualité de valet de pied. Notre magistrat ordinaire est chargé d'une mission extraordinaire.

Au même instant, Arnoux mit la tête à la portière, exhibant son majestueux plumet. Il avait entendu les paroles de Goudron : il ne pouvait plus les démentir.

— Citoyen commandant du poste de Goumois, dit-il, par discrétion, ce villageois aurait dû se taire ; mais il vous a révélé la vérité. J'ai utilisé, pour le service de la Nation, l'équipage du ci-devant Baron Trévillers ; je vais en effet remplir une mission confidentielle.

— Je te reconnais bien, brave patriote Arnoux ; ton civisme est à l'ordre du jour, tu es un pur ; tu ne peux cependant pas ainsi passer devant ce poste militaire : descends de voiture.

Puis, se tournant du côté de ses hommes, il leur dit avec autorité :

— Dehors la garde ! Prenez vos armes !

Douze soldats, armés de leurs fusils, se rangèrent en face du maire qui avait mis pied à terre, non sans être fort inquiet d'une pareille démonstration. Mais il se rassura bientôt, quand il entendit l'officier commander, de sa plus belle voix :

— Portez armes !... Présentez armes !...

Il comprit l'honneur bien mérité dont on le gratifiait, et, après avoir dignement salué de la main, il remonta en voiture. L'officier daigna fermer, lui-même, la portière, en souhaitant un bon voyage à l'envoyé extraordinaire.

Une demi-heure après, la berline entrait dans la cour de l'auberge d'*Helvétie*.

Hélas ! si le voyage s'était jusque-là heureusement accompli, la fin ne répondit pas au début. Le maire s'informa de suite si un bourgeois de Lausanne ne l'attendait pas à l'auberge. L'hôtelier eut la mauvaise grâce de lui rire au nez.

— Ohé ! citoyen bernois, s'écria Goudron, on ne se gausse pas ainsi d'un magistrat français ; entendez-vous bien, vacher mal appris ?

— Que nous chantes-tu là, mendiant d'assignats ! Veux-tu recevoir une volée de coups de trique ?

— Ah ! par exemple, si vous n'êtes pas plus gentil, nous allons retourner en France. M'sieur le maire, emmenons la berline.

— Oui-dà ! tu vas me faire croire que la voiture appartient à ce charlatan empanaché ? Vous êtes deux gredins, deux voleurs. Je vais vous dénoncer au bourgmestre. Attendez, mes gaillards. Holà ! Fritz ! Hans ! conduisez les chevaux à l'écurie et remisez la voiture. Si on résiste, appelez tous les gens du bourg, et mettez des menottes à ces deux malandrins.

Marcellin, jouant l'épouvante, s'approcha du maire et lui dit à l'oreille :

— Il ne fait pas bon ici ; nous sommes perdus, si nous ne détalons pas, et lestement encore. Quant à moi, je me sauve.

— Ne m'abandonne pas ainsi, je t'en supplie, au nom de la patrie outragée dans ma personne ; partons ensemble.

En regagnant Goumois, Goudron ne cessait de répéter à son compagnon d'infortune :

— Ah ! citoyen maire, voilà une aventure ! On a bien raison de le dire : « Il ne faut jamais vendre la peau de l'ours qu'on ne l'ait mis par terre. »

Le Baron de Trévillers trouva, à l'auberge d'*Helvétie*, sa voiture en parfait état, les chevaux bien reposés et prêts à fournir une nouvelle course.

Les trois chariots contenant les objets précieux avaient été remisés et confiés à la surveillance de Josillon, le beau-frère de Goudron. Cet excellent homme offrit de conduire, lui-même, les bagages au lieu qui lui serait indiqué.

M. et Mme de Trévillers, d'un commun accord, choisirent pour résidence la petite ville de Vevay, sur les bords du lac de Genève, non loin des frontières de France. L'heureuse position de cette charmante ville au milieu des sites les plus pittoresques, sa proximité de Lausanne et même de Pontarlier, donnaient à ce séjour tous les avantages désirables pour des émigrés, qui n'avaient pas perdu tout espoir de rentrer dans leur patrie.

Le Baron loua un petit hôtel, entouré d'un jardin et situé à l'extrémité de Vevay; l'installation fut promptement terminée. Les correspondances devaient parvenir aux émigrés : celles de France, par l'entremise de Goudron ; celles de Suisse, par la poste.

La Baronne ne laissa pas partir le brave Josillon, sans le charger d'une longue relation de son voyage destinée à Mme Descerniers; cette lettre renfermait un billet du Chevalier pour Christine. Il était ainsi conçu :

« Mademoiselle,

» Grâce à vos bons conseils, et peut-être selon » votre désir, nous sommes fixés en Suisse. Le sort » de mes parents ne saurait m'inspirer maintenant » la moindre inquiétude ; ils peuvent attendre, en » toute sécurité, l'issue des événements.

» Mais, si j'éprouve un grand soulagement de ce » côté, je suis loin d'être heureux moi-même. » L'avenir ne me réserve plus désormais aucune » joie ; j'ai vu s'évanouir, sans retour, mes espérances

» les plus chères. Il faut donc me soustraire aux
» atteintes du découragement : l'oisiveté accroîtrait
» ma tristesse ; à force d'énergie, à force d'activité,
» je réussirai peut-être à m'affranchir du regret de
» mes illusions perdues. Dans huit jours, je quitterai
» mes parents, j'irai courir les hasards de la guerre.
» Vous seule, vous connaissez ma détermination, vous
» seule, vous pouvez empêcher mon départ... Si les
» souvenirs d'autrefois ne vous engagent pas à com-
» battre ma résolution, du moins ne révélez à
» personne le secret que je viens de vous confier.
» Christine, vous allez décider du sort

» de votre ami d'enfance,

« DUNSTAN »

Six jours se passèrent : le Chevalier attendait,
comptant les heures, le cœur partagé entre le
doute et l'espérance. Enfin, la semaine suivante,
une lettre de Mme Descerniers parvint à la Baronne ;
mais elle n'apportait pas la réponse si ardemment
désirée par Dunstan ; elle abondait en détails relatifs
à la situation du pays et dépeignait l'effet produit
par l'émigration des châtelains de Trévillers. La
justice révolutionnaire avait opéré des perquisitions
dans les appartements du château ; les scellés étaient

apposés sur tous les meubles; on attendait les ordres du département. Le post-scriptum seul semblait contenir une allusion, à peine sensible.

« Ma fille, disait Mme Descerniers, me charge
» de vous présenter ses très-humbles respects; elle
» ne cessera point, veuillez en être persuadée, de
» prier Dieu pour vous, pour Monsieur le Baron,
» pour Monsieur le Chevalier. »

Le sort en était jeté : Dunstan venait de prendre
son parti. Il se retira dans sa chambre et écrivit à
ses parents une lettre d'adieux. Il leur manifestait
sa résolution de suivre la carrière des armes : « les
» puissances étrangères se coalisaient; l'ennemi
» allait envahir la France; le devoir de tout homme
» de cœur était de voler à la frontière, pour défen-
» dre le sol sacré de la patrie. »

Le Chevalier sortit seul, au milieu de la nuit, et
se dirigea, à pied, du côté de Bâle : son projet était
de gagner Metz.

Le voyage s'effectua assez heureusement, malgré
la longueur du chemin, malgré les dangers dont
étaient menacés les nationaux qui osaient rentrer
en France. Dunstan fut cependant arrêté à Saint-
Louis, village situé sur la rive gauche du Rhin, en
face de Bâle. On lui fit subir un long interrogatoire;

peu s'en fallut qu'il ne fût incarcéré comme suspect; mais ses explications franches et précises, sa promesse nettement formulée de prendre du service sous le drapeau français, déterminèrent le commissaire du district à accorder une feuille de route au jeune volontaire.

Arrivé à Metz, le Chevalier alla immédiatement s'enrôler. Incorporé dans un régiment de cavalerie, il offrit de payer sa monture et de s'équiper à ses frais. La proposition fut accueillie très-favorablement et produisit la meilleure impression sur l'esprit des chefs.

D'autre part, Dunstan était vraiment un écuyer accompli; il possédait ces trois qualités si difficiles à réunir, à concilier dans l'art de l'équitation : la force, l'adresse et la grâce. Aussi fut-il bientôt nommé sous-officier : son colonel lui témoignait une bienveillance marquée.

Six mois s'écoulèrent, durant lesquels le régiment resta caserné à Metz. Dunstan déplorait cette inaction forcée; en apprenant l'insurrection du Vingt Juin, la journée du Dix Août et la prise des Tuileries, l'incarcération du Roi et de la famille royale au Temple, les horribles massacres du Deux Septembre, il souhaitait de trouver, dans les hasards de la guerre, dans les périls de la lutte, une puissante diversion à de si lamentables péripéties.

Enfin, vers le Neuf Septembre, une grande nouvelle se répandit parmi la garnison. Dumouriez, le général en chef de l'armée du Nord, opérait sur la frontière, barrant le chemin aux Prussiens qui avaient réussi à pénétrer en France, avec l'intention de gagner Paris par Châlons. Pour appuyer sa résistance, il demandait des renforts.

On lui envoya le général Kellermann, qui commandait l'armée de l'Est. Le régiment où servait Dunstan fut compris dans l'armée de secours et dirigé, avec l'état-major de Kellermann, du côté de Sainte-Menehould.

On arriva aux environs de Valmy : ce fut le lieu où les forces de Dumouriez et de Kellermann effectuèrent leur jonction. Les deux armées restèrent longtemps en présence de l'ennemi : chaque jour, des combats s'engageaient aux avant-postes; mais ces escarmouches, souvent meurtrières, n'amenaient cependant pas de résultats sérieux. Plus d'un obstacle paralysait la tactique de nos généraux. D'abord les recrues, qui composaient la presque totalité des troupes, laissaient beaucoup à désirer, sous le rapport de la discipline. Puis les chefs de corps ne pouvaient se fier aux rapports d'officiers, pour ainsi dire improvisés, à coup sûr pleins de bravoure, mais dénués de toute expérience stratégique; ils étaient obligés de se rendre compte, par eux-mêmes, des positions de l'ennemi.

Le général Kellermann voulut, un jour, entreprendre une tournée d'observation, pour s'assurer si toutes les lignes étaient dans l'ordre qu'il avait réglé. Il partit, au lever du soleil, accompagné seulement d'un capitaine d'état-major et d'un sous-officier de dragons; ce dernier était précisément le Chevalier de Trévillers.

La parfaite réussite du début enhardit le général; il s'avança plus loin. Mais, comme il se disposait à tourner un petit bois, qui lui dérobait la vue du paysage, il se trouva tout à coup cerné par six uhlans.

Le moment était critique, la retraite impossible.

— Rendez-vous, cria l'un des uhlans; et déjà il s'apprêtait à saisir Kellermann, quand, au même instant, le Chevalier de Trévillers s'élance comme la foudre, et, d'un coup de sabre, désarçonne l'agresseur.

Les cavaliers prussiens reviennent à la charge : Dunstan frappe, d'estoc et de taille, avec tant d'impétuosité qu'il met trois de ses adversaires hors de combat; les deux autres, jouant de l'éperon, avaient quitté le champ de bataille.

Après ce brillant exploit, Dunstan remit tranquillement son sabre au fourreau, sans prononcer une parole et comme s'il eût exécuté une simple manœuvre; puis il caressa doucement, de la main, le cou de son cheval.

— Quel enragé diable vous faites! s'écria Kellerman. Votre nom?

— Trévillers, sous-officier au deuxième dragons.

— Mon brave, à partir d'aujourd'hui, vous êtes sous-lieutenant, et nous n'en resterons pas là, je l'espère.

— J'y compte aussi, mon général.

— Fort bien! l'ambition vous sied à merveille. Une si franche réponse confirme encore mon opinion à votre égard. Je vous attache à ma personne; vous ferez partie de mon escorte. Mais rentrons; il faut se préparer, car la fête sera pour demain, à coup sûr.

En effet, le jour suivant, de grand matin, malgré un épais brouillard, qui ne permettait pas aux deux armées de s'apercevoir à cinquante pas, une terrible canonnade ébranla les coteaux voisins du moulin Valmy, où se trouvait campé le corps de troupes du général Kellermann. Les boulets prussiens, lancés au hasard sur cette position, tombaient cependant d'une façon assez meurtrière, au milieu des régiments français : notre artillerie répondait de son mieux.

A midi, sous l'effort du soleil, la brume se dissipa tout à coup, et l'on vit alors distinctement l'ennemi s'avancer, la baïonnette au bout du fusil, en masses profondes et silencieuses.

Il se fit un moment de calme; l'aspect de ces nombreux régiments de vieilles troupes, marchant résolûment et avec ordre, étonnait nos pauvres recrues, que le duc de Brunswick appelait dédaigneusement « *une armée de tailleurs et de savetiers* ».

— Allons, mes enfants! s'écria soudain Kellermann, en avant! à la baïonnette! et vive la France!

Ce fut le signal de la mêlée : nos soldats s'élancent avec cette « furia » traditionnelle, qui fut toujours notre gloire dans les combats à l'arme blanche. Leur ardeur irrésistible surprend et déconcerte les Prussiens.

La bataille s'engage sur toute la ligne : Kellermann fait alors avancer sa cavalerie, pour soutenir l'attaque et protéger son infanterie contre les manœuvres des nombreux escadrons ennemis.

Dunstan, resté un peu en arrière de Kellermann, s'approche et lui dit :

— Général, je vous demande une grâce : permettez-moi de prendre part à cette charge de cavalerie.

— Allez, mais pas de bravoure inutile.

— Merci, général.

Aussitôt le jeune officier part à fond de train ; il disparaît au plus fort de la bataille. Dunstan s'était porté dans la direction de l'Auve. Sur les bords de cette petite rivière, qui coule au pied du plateau de Valmy, deux escadrons français supportaient difficilement l'attaque de tout un régiment de cuirassiers prussiens.

Après une lutte acharnée, nos soldats, quoique inférieurs en nombre, réussirent pourtant à culbuter l'ennemi. Exténués de fatigue, les Prussiens tentaient en vain de prolonger la résistance ; ils pouvaient à peine soulever leurs longues lattes d'acier, pour parer les coups de sabre des Français.

Dunstan avait remarqué un colonel ennemi, dont la cuirasse dorée étincelait aux rayons du soleil ; il parvient à le rejoindre ; en un clin d'œil, il démonte les deux ordonnances qui se tenaient à côté de leur chef. Outré de colère, le colonel, véritable colosse aux formes herculéennes, pousse sa monture, cherchant à atteindre le Chevalier. Mais Dunstan, par un écart habile, évite le choc, et, rapide comme l'éclair, traverse, d'un coup d'épée, le bras droit de son adversaire.

— Rendez-vous, lui crie-t-il, ou vous êtes mort !

Le malheureux vaincu n'était plus en état de se défendre. Il s'approcha du Chevalier et lui dit :

— A vous la chance, Monsieur ; voici mon épée.

— Non, colonel, gardez-la. Votre parole me suffit. Partons pour faire panser votre blessure.

Le Prussien suivit Dunstan, sans objection : les deux cavaliers mirent leurs chevaux au galop ; un quart d'heure après, ils arrivaient auprès de Kellermann.

— Général, dit Dunstan, j'ai blessé ce brave officier ; je demande pour lui un chirurgien.

Le prisonnier fut immédiatement conduit aux ambulances, où il trouva les soins réclamés par sa blessure.

En présence de son état-major, Kellermann dit à Dunstan :

— Recevez mes félicitations, Trévillers ; vous

vous êtes signalé d'une manière exceptionnelle; vos actions d'éclat seront mises à l'ordre du jour de l'armée. Ce soir, je signerai votre brevet de lieutenant; venez le chercher, vous-même, au quartier général.

Dunstan pénétra sous la tente de Kellermann, au moment où les clairons et les tambours sonnaient la retraite.

— Général, dit-il, je me suis rendu à vos ordres; mais je crains d'être importun.

— Asseyez-vous là, lieutenant; votre présence, au contraire, me procure un véritable plaisir. Voici votre brevet, c'est la faible récompense de votre bravoure; car, hier, vous m'avez sauvé plus que la vie, vous m'avez sauvé l'honneur : je ne l'oublierai jamais. Regardez-moi comme votre meilleur ami. Allons, parlez-moi, à cœur ouvert, avec la franchise d'un soldat. Vos débuts, dans la carrière militaire, annoncent un homme d'avenir; dites-moi en quoi je puis vous servir.

Dunstan était touché d'une réception si cordiale. Il se recueillit un instant, puis il exposa au général la situation de sa famille.

— Diable! s'écria Kellermann, vos parents ont émigré! Le fait est d'une gravité extrême. Mais alors, comment avez-vous donc pu préférer notre cocarde à celle du prince de Condé?

— J'ai mieux aimé me battre contre l'étranger, contre les envahisseurs de mon pays. Et puis, j'avais besoin de donner un but à ma vie, un aliment à mon activité. Je voulais oublier, chasser des pensées importunes.

— Ah!... vous aviez de puissants motifs?...

— Si ma personne était seule en cause, général, je vous avouerais mon secret, mais... une affection brisée...

— Oui, oui, je comprends. Pauvre lieutenant! vous êtes la victime des illusions de votre âge! Vous avez pris le rêve pour la réalité, et vous avez souffert. Mon Dieu! c'est bien pardonnable. Moi aussi, j'ai passé par cet infernal guêpier; j'y ai reçu des piqûres qui m'ont fait longtemps saigner le cœur. Il m'a fallu, pour me guérir, le grand remède, le bruit du canon. Maintenant, mon cher lieutenant, allons au but et parlons bien. Votre père est émigré. Ses domaines ont-ils été confisqués au profit de la Nation?

— Pas encore, mais sans doute ce malheur ne tardera pas à s'accomplir.

— Il faut l'empêcher; j'ai des amis au Pouvoir, je les emploierai pour vous. Je vais plaider chaleureusement la cause de votre famille. D'ailleurs on vous tiendra compte de votre patriotisme. Laissez-moi agir : reposez-vous entièrement sur moi. L'essentiel, c'est de ne point vous compromettre ; soyez réservé, soyez circonspect.

— Général, je suivrai aveuglément vos conseils.

— Très-bien, mon jeune ami ; à présent je vous connais. Ayez confiance : la position de vos parents soulève des difficultés, mais nous en triompherons. En attendant, allez prendre le repos que vous avez si bien gagné, et dites, avec Titus : « *Je n'ai pas perdu ma journée.* »

CHAPITRE VIII

Dès le lendemain de la bataille de Valmy, une rivalité s'éleva entre Kellermann et Dumouriez : les deux généraux se disputaient le commandement en chef. Le Pouvoir était trop amoindri pour juger et terminer le différend. A l'Assemblée Législative succédait la Convention Nationale, et le premier acte des nouveaux députés avait été d'abolir la Royauté. La République venait d'être proclamée.

Après des débats irritants pour leur amour-propre, les compétiteurs se séparèrent. Kellermann reprit le chemin de la Lorraine, tandis que Dumouriez se dirigeait sur la Flandre.

Dunstan s'était acquis l'amitié de son général, et, tous les soirs, il passait, avec lui, une heure à s'entretenir des événements.

Il ne tarda pas à s'apercevoir des préoccupations de Kellermann ; ce dernier ne tentait point, d'ailleurs, de les dissimuler.

Un jour, il se montra plus expansif encore ; il dit au jeune homme :

— Trévillers, je mets ma confiance en vous, je compte sur votre dévouement, sur votre discrétion. Dans les notes officieuses qu'il joint à ses rapports officiels, Dumouriez doit exhaler sa jalousie et ses rancunes. Si mes soupçons sont fondés, comme j'ai tout lieu de le croire, il me faut, au plus vite, combattre cette désastreuse influence. Préparez-vous à partir, cette nuit même, pour Paris. Vous porterez mes dépêches secrètes au Ministre de l'Intérieur, à Roland, mon intime ami. Il vous questionnera sans doute ; prenez ce mémoire : vous y trouverez tous les éléments propres à guider vos réponses. Lisez-le attentivement, pendant les loisirs forcés de votre voyage, mais n'oubliez pas de le brûler, quand vous en posséderez la substance. Vous ne serez point, d'ailleurs, un inconnu pour le ministre ; dans mon précédent rapport, je mentionnais vos services. Merci d'avance et bon voyage !

Quatre jours après ce départ précipité, Dunstan arrivait à Paris, assez tard dans la soirée. Le lende-

main, dès l'aube, il se rendit chez Roland et demanda à être admis sans délai ; mais l'huissier, pénétré de l'importance de ses fonctions, lui répondit,
avec une insolence toute républicaine :

— Le citoyen ministre n'est pas visible à pareille
heure.

— Il me recevra ; annoncez-moi sur-le-champ.

— Revenez dans l'après-midi, et formulez une demande d'audience.

— Si vous ne m'introduisez pas à l'instant même,
avant dix minutes, vous serez chassé, je vous le déclare.

— Ouais ! vos paroles sont d'un maître ! Mais, au
moins, laissez-moi le temps de vous annoncer et de
demander si vous pouvez être reçu. Votre nom, s'il
vous plaît?

— Mon nom importe peu : je suis officier d'or-
donnance d'un général en chef.

Une minute s'était à peine écoulée que la porte
s'ouvrit, pour laisser Dunstan pénétrer dans le cabinet du ministre.

Roland était seul, assis devant une table chargée
de papiers. Sa physionomie respirait la droiture,
l'austérité ; son maintien était imposant et calme.
Sans interrompre son travail, il dit au Chevalier :

— Pourquoi me déranger, de si grand matin ?
Veuillez m'exposer l'objet de votre visite.

— Je suis porteur d'une dépêche du général Kellermann.

— Ah ! fort bien ! prenez donc un siége.

Roland ouvrit la lettre et lut attentivement le
message ; puis, sa lecture terminée, il dit au jeune
officier, en le considérant avec un visible intérêt :

— Vous êtes le lieutenant Trévillers ?

— Oui, Monsieur le ministre.

— Dans un précédent rapport, mon ami m'avait
déjà parlé de vous, et avec les plus grands éloges.
J'ai fait droit à sa demande ; rassurez donc votre
père : il conservera ses domaines. Il peut même
prolonger son séjour en Suisse ; son nom ne sera
point inscrit sur la liste des émigrés.

— Je ne sais, Monsieur le ministre, comment reconnaître tant de bienveillance.

— Vos faits d'armes ont mérité, plusieurs fois,
d'être cités à l'ordre du jour. Je demanderai, pour
vous, à mon collègue au département de la Guerre, le
grade de capitaine. Après-demain, votre brevet sera
expédié. Venez me le demander vous-même ; je vous
chargerai d'une réponse confidentielle pour le général Kellermann.

Dunstan rentra à son hôtel. Après y avoir déjeuné, il sortit, avec l'intention de rendre visite aux amis qu'il avait jadis fréquentés, durant son séjour à Paris.

Hélas! depuis trois ans, bien des changements étaient survenus! Si les rues, si les monuments avaient à peu près conservé le même aspect, on constatait une profonde différence dans la population.

L'insurrection du Dix Août, l'incarcération du Roi et de la famille royale, les Septembrisades, les scènes quotidiennes de meurtre, de pillage, avaient fait, de la Capitale, un désert, où pouvaient seuls vaguer en liberté les tigres et les hyènes de la démagogie.

Les aristocratiques hôtels du faubourg Saint-Germain étaient abandonnés, et l'opulent quartier du Marais délaissé de ses paisibles habitants.

On ne voyait plus cette foule brillante de grands seigneurs et de grandes dames, ces carrosses armoriés, qui jadis sillonnaient les boulevards et les promenades à la mode. Les étrangers de distinction, les riches nomades, toujours en quête de distractions et de plaisirs, ne semaient plus l'or sous leurs pas : ils avaient fui, en toute hâte, la grande ville.

Dunstan se présenta inutilement chez ses amis. Les uns avaient émigré, les autres étaient emprisonnés. En parcourant les différents quartiers, le Chevalier éprouvait un indicible sentiment de tristesse, à la vue du tableau qui s'offrait à ses yeux. Dans certaines rues, la solitude était complète; on eût dit une nécropole ou une ville prise d'assaut, dont les habitants avaient été emmenés en captivité. La plupart des magasins étaient fermés; d'autres avaient leurs devantures effondrées : c'étaient des étaux de boucherie, des boutiques de boulangerie et d'épicerie, qu'on avait saccagés et dévastés.

Mais cette solitude, ce silence funèbre étaient préférables encore au spectacle qui l'attendait. Il traversa la Seine, et se dirigea vers la place du Carrousel.

Il lui fut alors donné de voir le peuple, ou plutôt l'ignominieuse populace de Paris. Des attroupements nombreux obstruaient la circulation : des hommes, à l'allure sinistre, discutaient, appuyés sur le canon de leurs fusils, ou sur le manche d'une pique; les uns étaient coiffés d'un grossier bonnet de laine rouge, les autres d'un ignoble chapeau dont les deux cornes tombaient sur l'épaule. Leurs vêtements étaient déguenillés, leurs culottes souil-

lées de boue et de sang. La plupart n'avaient pas
d'habits; ils portaient une espèce de gilet, qu'on
nommait alors une *carmagnole;* et les manches de
leurs chemises, retroussées jusqu'à l'épaule, laissaient voir des bras nerveux et velus. A leur large
ceinture rouge pendait un sabre, le plus souvent
privé de son fourreau.

Dunstan remarqua aussi, éparpillés çà et là, plusieurs bandits de la horde marseillaise, bien re-
connaissables à leur teint bronzé par le soleil du
Midi : à première vue, on devinait qu'ils avaient naguère ramé sur les galères du Roi. Venus à Paris
sous la conduite de Barbaroux et de Rebecqui, quand
l'Assemblée Législative, déclarant la patrie en danger, avait voté la formation immédiate d'un camp
de vingt mille hommes, ces aventuriers constituaient
la garde prétorienne du Club des Cordeliers et du
Club des Jacobins.

Les sentines de la paresse et de la débauche avaient
rejeté tous ces hommes sans aveu, ces horribles
femmes, furies à la voix éraillée et à la démarche
chancelante d'ivresse, ces enfants, phénomènes de
vices précoces, qui mendiaient en hurlant des chan-
sons obscènes.

La belle façade du palais n'avait pas été épargnée :

7.

elle présentait l'image de la dévastation. La plupart des fenêtres avaient perdu leurs châssis, les autres étaient dépourvues de vitres.

Le pavillon de Marsan était pavoisé d'immenses drapeaux rouges, qui descendaient jusqu'à terre. Là se concentraient les regards menaçants de la foule. Les Conventionnels se livraient une de ces batailles terribles, dont la France était l'enjeu : le moment approchait où les bêtes féroces de la Montagne allaient dévorer les tristes héros de la Plaine.

Le Chevalier se croyait le jouet d'un rêve. Il comparait justement la nation, insurgée contre ses princes légitimes, à des enfants rebelles, qui chassent leur père de la maison qu'il a bâtie et où il a entassé les richesses gagnées à la sueur de son front. Les fils ingrats ne tardent pas à dissiper l'héritage paternel, et bientôt la honte, la misère sont leur partage : ce château royal, c'était la maison du père de famille ; les enfants ingrats, c'étaient ces Français qui se livraient aux saturnales de la révolte et du vice.

— La philosophie, cette reine des idées, se disait Dunstan, devait régénérer le monde ! Hélas ! au lieu d'accomplir sa mission, elle a, je le vois, semé dans les cœurs les germes de la discorde et de la haine.

Serait-elle donc impuissante à assurer le bonheur de l'humanité ?

Le lendemain, Dunstan se dirigea du côté du Temple, où était enfermée la famille royale. Il traversa les quartiers Saint-Denis et Saint-Martin, et partout, sur son chemin, il rencontra les mêmes hommes à l'aspect farouche, à l'air méfiant et cruel, les mêmes mégères, promenant leur ivresse et hurlant dans la boue des carrefours. Près de l'église Saint-Merry, il s'arrêta : un rassemblement s'était formé autour d'un énergumène qui discourait, monté sur une borne. Dunstan s'approcha.

L'orateur affirmait les droits de l'homme, proclamait la nécessité de vivre aux dépens des riches infâmes :

— La Convention, s'écriait-il, et les généraux trahissent la cause sacrée de la Révolution. Robespierre et Marat sont les seuls vrais amis des sansculottes. Les patriotes prolétaires meurent de faim, et on engraisse les Capet. La nation est altérée... de justice, et les vins les plus succulents sont prodigués aux Capet. Les magasins regorgent de vivres, et le marchand avide, sans pitié pour le pauvre peuple, réserve ses denrées afin de satisfaire à la voracité des Capet.

Dunstan, révolté de cette ignoble accusation, avait déjà porté la main à son épée, quand il se sentit saisir le bras :

— Prenez garde, soyez prudent, il y va de votre vie, lui dit, à voix basse, un homme vêtu comme un ouvrier ; fuyez, si vous ne voulez pas être égorgé à l'instant même.

Le conseil était salutaire : le Chevalier remercia l'inconnu par un signe, et continua sa route vers le Temple.

La solitude était complète autour de la sombre prison. Aux environs, dans le dédale des rues tortueuses, des femmes, apostées sans doute par la police révolutionnaire, circulaient, portant en équilibre, sur leurs têtes, des paniers remplis de mauvais légumes, et criaient, d'une voix glapissante, le prix de leurs marchandises.

Un fort piquet de gardes nationaux occupait la cour du Temple, dont les lourdes grilles restaient fermées. Aucun passant n'osait s'arrêter devant ce lieu lugubre : une telle audace eût mérité, sur-le-champ, l'incarcération.

Dunstan, appuyé à l'angle d'une ruelle, jetait un regard chargé de tristesse sur la tour occidentale du vieux monument.

— Malheur et honte ! se disait-il. Jamais la France n'effacera, de son histoire, la page déshonorante de son crime. O mon Roi ! ô ma Reine ! vos vertus, unies à tant de bonté, à tant de douceur, ne suffisent donc pas à désarmer les cannibales ? Mais il y a donc un enfer !… car l'enfer seul peut avoir vomi de tels monstres d'ingratitude. Naguère ils sollicitaient les places, les honneurs, le pouvoir ; vous les combliez de vos bienfaits ! vous leur avez accordé toutes les libertés qu'ils réclamaient, et, aujourd'hui, ils en abusent lâchement contre vous-mêmes ; ils vous infligent les outrages, les horreurs de la captivité.

Et, le cœur navré, Dunstan reprit le chemin de son logis. Rentré chez lui, il s'abîma dans ses réflexions. Le présent l'abreuvait de trop de déceptions ; instinctivement, il se transporta dans le passé. Il se rappela les entretiens où son amie d'enfance, Christine, mettait une si touchante éloquence au service de ses pures et évangéliques croyances.

Il en vint à se demander si le catéchisme, ce vulgaire petit livre, dont il avait méprisé les enseignements, ne contenait pas des doctrines préférables aux théories de Voltaire et de ses adeptes.

Les maximes de l'*Encyclopédie* avaient été impuissantes à diriger le peuple dans la voie du bien, elles l'avaient ramené à l'état de barbarie. Ces avocats qui avaient voté la déchéance du roi, ces misérables qui hurlaient dans les carrefours, se disaient, les uns et les autres, disciples de Voltaire ; les uns et les autres justifiaient leur ignominie par des sophismes empruntés à Jean-Jacques, à d'Alembert et à Diderot.

— O philosophes ! s'écria Dunstan, voilà les fruits de ces doctrines dont vous étiez si fiers ! Vous avez sapé les croyances séculaires ; les prêtres ne sont plus là, pour entraver l'élan de la civilisation nouvelle. Qu'attendez-vous encore avant de vous mettre à l'œuvre ? Vous qui avez tout détruit, ne sauriez-vous rien fonder ? Le néant ! Est-ce donc là le mot de votre politique ? Et vous, Christine, chère et bonne Christine, auriez-vous raison ? La Religion Catholique, sincèrement pratiquée, serait-elle donc l'idéal de la philosophie ?

Et Dunstan sentit couler sur son visage les larmes amères du désenchantement. Cédant à la puissance des souvenirs du passé, au besoin d'épancher ses angoisses et sa tristesse dans des cœurs amis, il résolut d'écrire à ses parents et à Mme Descerniers. Mais bientôt la réflexion le fit renoncer à ce projet :

il lui était interdit d'exprimer librement sa pensée, car ses lettres, si elles étaient interceptées, pouvaient accomplir la ruine de sa famille, et attirer sur la respectable Mme Descerniers d'irréparables malheurs.

Le lendemain, Dunstan se rendit, comme l'ordre lui en avait été donné, chez le ministre. Roland le reçut à merveille.

— Capitaine, dit-il, votre brevet est libellé ; j'éprouve une véritable satisfaction à vous l'offrir. Voici maintenant une lettre que vous remettrez, sans témoins, au général Kellermann. Vous comprenez bien mes intentions, mon ami ?

— Le ministre peut compter sur le dévouement de son reconnaissant obligé.

— Permettez-moi de vous adresser certaines questions. A Metz, où vous êtes en cantonnement, vous avez des amis ?

— En dehors de l'entourage du général, mes relations sont fort restreintes.

— Mais enfin, comment apprécie-t-on les événements... la détention de la famille royale, par exemple ?

— Les honnêtes gens déplorent ce...

— Eh bien ? n'hésitez pas.

— Monsieur le ministre me pardonnera de ne pas répondre : un officier ne doit pas professer d'opinion politique : il sert son pays, sans juger les gouvernants.

— Vous avez trop laissé percer vos sentiments, mon jeune ami ; soyez plus circonspect avec le pouvoir actuel. Mais, devant moi, parlez sans crainte ; j'ai deviné votre pensée ; on déplore ce forfait, n'est-ce pas ? Hélas ! si les voltigeurs de Coblentz n'eussent pas agi avec leur forfanterie accoutumée, en jetant à la face de la Révolution un outrageant défi, peut-être fût-on parvenu à éviter l'horrible catastrophe qui se prépare. Par malheur, la fatalité en a décidé autrement. Mais quels sont les sentiments de l'armée ?

— L'armée élève le drapeau français au-dessus de tous les partis ; l'honneur national est son plus cher, son plus glorieux souci ; elle voudrait toutefois qu'on usât de plus de justice envers la famille de nos infortunés souverains.

— Hélas ! tel est bien mon sentiment. Mais Robespierre, Marat et Danton sont déjà les maîtres de la République ; bientôt ces trois hommes écraseront Paris et la France. Le torrent démagogique renversera toutes les digues ; avant de rentrer dans son lit, il ravagera, il noiera sous des flots de sang l'ancienne civilisation.

— Tout autre cependant était le but de nos efforts, reprit Dunstan. La philosophie avait entrepris la noble tâche de régénérer l'humanité et de la guider vers ses véritables destinées.

— A ces paroles, capitaine, je reconnais bien l'ardeur, mais aussi l'imprévoyance de la jeunesse. Les philosophes, dont j'ai moi-même ambitionné l'appui, ont joué aveuglément avec un glaive à deux tranchants. Leur sensibilité, ou plutôt leur sensiblerie larmoyante, leurs utopies orgueilleuses, propres à flatter les oisifs et à stimuler les ambitieux, portaient en elles le caractère de la stérilité. Non ! ces sublimes rêveurs, ces Titans de la pensée, sont incapables de rien édifier ; tout leur talent consiste à gaspiller le patrimoine de sagesse que les siècles nous avaient légué. Réformez vos opinions, mon jeune ami, si vous voulez vous épargner de cruelles désillusions. Retournez près de Kellermann ; soyez discret, et adieu !

CHAPITRE IX

Depuis le départ des châtelains, Mmes Descerniers
restaient confinées dans la plus entière retraite. Les
jours, les semaines, les mois se succédaient tristement : hélas ! des joies de l'amitié, il ne restait plus
que le souvenir !

La profonde solitude, où vivaient la veuve et sa
fille, fut cependant troublée par le citoyen Arnoux.
Ce cauteleux personnage avait eu plusieurs fois l'audace de se présenter, en prétextant de l'intérêt
qu'un maire doit porter à ses administrés ; mais le
but véritable de ses visites réitérées était d'obtenir
des renseignements précis sur la famille de Trévillers.

On ignorait, dans le village, si le Baron voyageait.

s'il avait émigré, ou s'il s'était simplement réfugié à Besançon. Arnoux avait dénoncé au directoire du département la subite disparition des châtelains; il alla plus loin, il osa les qualifier du titre dangereux d'émigrés. Il s'attendait, chaque jour, à voir les gens du fisc opérer une descente et procéder à l'adjudication ou au partage du domaine seigneurial.

Un certain jour, il en vint à menacer Mme Descerniers d'une dénonciation, si elle continuait à lui cacher la retraite de la famille de Trévillers. La pauvre veuve confia ses craintes à son fermier Goudron.

— Ah! dit celui-ci, le lâche veut vous intimider! Eh bien! nous allons voir. Je vais, moi, lui donner une jolie venette.

— Oh! Marcellin, soyez prudent.

— Tranquillisez-vous, Madame, j'éloignerai le danger dont on vous menace; quant à moi, je n'ai rien à redouter.

Le soir même, Goudron alla chez le citoyen Arnoux. Celui-ci était en train de discuter, avec plusieurs municipaux, sur le partage prochain des terres du « ci-devant Baron ». Les contestations étaient vives : les belligérants ne s'épargnaient pas les épithètes désobligeantes, voire même les plus âpres invectives; l'un voulait telle pièce de terre, l'autre telle prairie, mais un compétiteur, le troisième larron, affirmait avoir, par avance, « retenu ces morceaux ».

Goudron survint, au beau milieu de la discussion :

— Comment oses-tu paraître chez moi? s'écria le maire; tu es un ennemi de la Nation, sors d'ici.

— Vous fâchez pas!

— Va-t'en, suppôt des aristocrates, ou je te fais incarcérer.

— Vous fâchez pas, citoyen commissaire délégué du Gouvernement! Pardine, je viens, moi aussi, réclamer ma part du gâteau.

— Au nom de la loi, je t'arrête, hurla le furieux Arnoux, si tu ne décampes à l'instant même!

— Citoyen maire, repartit tranquillement l'impassible Goudron, j'ai à vous parler de la berline, vous savez bien?

— Tais-toi, sinon je te fais coffrer...

— Ça m'est égal, mon rapport au commissaire du département ne me suivra pas en prison. Je suis homme de précaution, et je ne l'ai point dans ma poche, bien vrai.

— Citoyens, dit le maire aux conseillers municipaux, d'un ton subitement radouci, laissez-moi avec

Marcellin. Il veut m'entretenir d'une affaire sérieuse et intéressant la paix publique ; je n'y pensais
plus. Nous reprendrons, un autre jour, la discussion
de nos droits.

Quand l'amateur de pistoles se trouva seul avec
Goudron, il dit aussitôt :

— Eh bien ! qu'as-tu à m'apprendre, Marcellin ?

— Oh ! pas grand'chose.

— Alors, pourquoi viens-tu stupidement me déranger ?

— Dame ! je n'ai pas votre esprit pour choisir le
bon moment !

— Enfin, que me veux-tu ?

— Ma fine ! je ne demande rien du tout.

— Tu n'es pas ici sans avoir une idée.

— Une idée ? Faut pas se moquer d'un pauvre
homme comme moi, M'sieur le maire.

— Ah ! brigand, tu t'expliqueras, sinon je prends
mes pistolets et je te brûle la cervelle.

— Oh ! nenni. Dites donc, M'sieur le maire, je les
connais vôs pistolets ; vous les astiquiez, un beau
matin, le matin même du jour où nous avons fait
notre expédition en Suisse. La date est sur mon
rapport.

— De quel diable de rapport veux-tu parler ?

— C'est une petite garantie que je mè suis donnée contre la prison.

— Ah! voyons, conte-moi ça.

— Vous savez bien, Josillon, mon beau-frère, Josillon de Goumois ?

— Eh bien?

— Ma fine, il a mon rapport, c'est-à-dire ma dénonciation en bonne forme contre vous.

— Contre moi, brigand!

— Eh! oui, bien vrai ; nous nous sommes entendus ; et, si on met la main sur moi, ou si l'on tracasse, seulement un petit brin, Madame Descerniers, Josillon portera aussitôt le papier à l'ambassadeur français à Berne.

— Oh! scélérat de l'ancien régime, je ne serai pas tranquille, avant de t'avoir fait couper la tète!

— Dame! elle tient pourtant solidement sur mes épaules.

— Mais quelle dénonciation peux-tu avoir rédigée contre moi?

— Toute pétiote, toute pétiote, M'sieur le maire. J'ai dit : Le citoyen Arnoux m'a requis pour conduire lui-même la berline au Baron de Trévillers ; avec sa ceinture garance, son beau chapeau à plumet, il a usurpé le titre et la qualité de commissaire du gouvernement, afin de mieux exécuter son joli coup. Les officiers et soldats du poste de Goumois peuvent être appelés comme témoins. J'ai mis tous leurs noms; ça tient de la place, mais ça produit de l'effet.

Le maire était pris au piége : sa colère s'exhala en menaces impuissantes :

— Écoute sérieusement ceci, ennemi du bien public, dit-il à Goudron : si tu bouges, si tu commets la moindre légèreté en paroles, foi de maire républicain, je te fais guillotiner.

— Écoutez bien ceci, ami du bien d'autrui; si vous bougez un tantinet, si vous hasardez la moindre démarche contre Madame Descerniers ou contre moi, foi d'honnête homme, je vous fais guillotiner. A bon entendeur salut, M'sieur le citoyen maire républicain.

Et, satisfait de sa péroraison, Marcellin Goudron rentra paisiblement chez lui.

Dans ses lettres, Mme Descerniers demandait souvent à la Baronne si elle n'avait pas reçu de nouvelles du Chevalier : mais les réponses étaient toujours négatives; l'inquiétude allait s'augmentant à chaque nouvelle déception.

La veuve n'était pas plus rassurée à l'égard du

domaine de Trévillers ; les rumeurs répandues dans le pays lui inspiraient des craintes sérieuses. « Ce-
» pendant, ajoutait-elle dans sa dernière lettre, une
» influence occulte et inexplicable semble garantir
» ces biens contre la convoitise des spoliateurs. La
» municipalité a reçu l'ordre officiel du département
» de protéger le château et les terres seigneu-
» riales. »

Le maire et ses acolytes protestaient en effet publiquement contre ce qu'ils appelaient un déni de justice ; mais enfin ils étaient obligés de respecter des instructions formelles. D'ailleurs maître Arnoux se sentait surveillé par Goudron ; jour et nuit il voyait, suspendue sur sa tête, cette autre épée de Damoclès, la terrible dénonciation, et sa lâcheté suffisait à modérer son appétit patriotique.

L'année mil sept cent quatre-vingt-douze touchait à sa fin et l'année mil sept cent quatre-vingt-treize s'annonçait par les plus sinistres présages. Depuis trois mois la France était en République, et les passions, loin de s'apaiser sous cette forme de gouvernement, s'alimentaient au contraire de tous les vices éclos dans l'anarchie. La police n'existait plus que de nom. La justice était dominée par les excitations d'une sanguinaire tyrannie. Deux camps divisaient notre infortunée patrie : les puissants et les faibles, les violents et les résignés, les délateurs et les proscrits, les bourreaux et les victimes. Malheur aux hommes de bien, sages et pacifiques! On les traquait comme des bêtes fauves, sous les noms de modérés ou de suspects!

L'affectation de cynisme, l'apparence de l'infamie était la seule sauvegarde contre les haines et les dénonciations; il ne fallait point dépasser le niveau abject des bas-fonds sociaux, il fallait s'assimiler à la crapule qui hurlait la « *Carmagnole* » et le « *Ça ira* ». Vivre décemment, avec le respect de soi-même, c'é-tait revendiquer une noblesse, et la noblesse de cœur était punie, comme celle de race, par l'ostra-cisme ou la mort.

La Religion, ce refuge des belles âmes et des in-telligences d'élite, ce palladium des familles et des sociétés civilisées, semblait à jamais bannie. L'hon-neur national s'était réfugié dans nos armées, tou-jours admirables de courage et d'abnégation; elles conservaient, comme un dépôt sacré, toutes les ver-tus du caractère français. Ce phénomène s'explique facilement : nos soldats ne subissaient pas l'in-fluence, ni la direction immédiate d'un pouvoir sanguinaire; ils défendaient la patrie contre les attaques de l'étranger. La Convention n'eût point trouvé en eux les exécuteurs de sa volonté ; des geôliers et des bourreaux composaient seuls sa garde prétorienne.

Une immense terreur planait sur la France entière. Ces anxiétés continuelles, ces douloureuses épreuves atteignaient les plus stoïques. Tous les cœurs étaient assiégés par d'horribles pressentiments. Quelle devait être la tristesse d'une jeune fille déjà blessée par de cruelles déceptions ? Christine concevait une déplorable idée de l'humanité. A ses débuts, la vie lui apparaissait sous les plus sombres couleurs. Elle avait espéré que Dunstan ne tarderait pas à profiter des leçons de l'expérience ; mais une absence si prolongée, un abandon si complet de sa famille, lui inspiraient les suppositions les plus pénibles.

Parfois Mme Descerniers, pendant les longues soirées d'hiver, ne pouvait s'empêcher d'exprimer ses doutes et ses craintes. Elle gémissait du silence inexplicable de Dunstan ; elle ne reconnaissait plus ce fils affectueux, autrefois si dévoué à ses parents, qui maintenant semblait leur témoigner une dédaigneuse indifférence. Parfois encore elle essayait de justifier la conduite du Chevalier.

— Peut-être, disait-elle, est-il allé rejoindre les Royalistes à Coblentz ?

— Non, ma mère, à coup sûr, Monsieur le Chevalier ne portera pas les armes contre son pays. Il aura plutôt tenté de sauver le Roi.

— S'il est à Paris, reprenait M.Descerniers, à combien de périls n'est-il pas exposé ! Ah! ma chère enfant, vous n'auriez pas dû le laisser partir.

— Oh! ma mère, je n'ai point provoqué son éloignement. Pouvais-je lui dire de rester à Vevay? J'aurais menti à ma conscience, en semblant partager ses projets, en encourageant des espérances irréalisables.

— Pauvre enfant, tu as su triompher de toi-même et j'ai admiré ton courage. Puisse le sacrifice ne pas être au-dessus de tes forces !

— Tranquillisez-vous, bonne mère; vous le savez par vous-même, le devoir accompli ne laisse point de regrets. J'ai offert à Dieu le sacrifice de mes illusions ; je l'ai prié avec ferveur: il aura pitié de cette belle âme égarée, et peut-être aussi de ma faiblesse.

Ces constantes préoccupations avaient d'abord inspiré à la jeune fille une invincible mélancolie ; puis elles avaient peu à peu altéré sa santé. L'existence sédentaire contribuait encore à aggraver l'état maladif de Christine. De temps à autre, il est vrai, Mmes Descerniers se rendaient au château, afin d'y surveiller l'ameublement laissé sous la garde d'un fidèle serviteur ; mais ce n'étaient point là des promenades capables de produire une salutaire diversion. Christine s'étiolait, sans même avoir conscience de sa souffrance.

La veuve remarquait, en tremblant, les progrès du mal, progrès presque insensibles pour des yeux moins exercés par la tendresse maternelle.

On avait projeté un voyage en Suisse ; mais, pour se rendre à la frontière, il fallait une autorisation de la municipalité, et d'ailleurs, c'eût été trahir la retraite du Baron. Force était donc de se résigner à vivre dans la tristesse et l'isolement.

8.

CHAPITRE X

De retour à Metz, le jeune capitaine s'empressa
de porter à Kellermann les lettres du ministre
Roland. Il fut accueilli avec une véritable cordialité :
d'abord, le général avait hâte de fixer définitivement
son opinion sur Dumouriez ; puis il portait, de jour
en jour, un intérêt plus vif à Dunstan. Il lui donna
une preuve évidente de sa confiance, en décachetant
et en lisant devant lui les dépêches ministérielles.

Les nouvelles n'étaient pas rassurantes. Roland
prévoyait déjà sa chute prochaine. Abreuvé d'amertume et de dégoût, il se condamnait lui-même ; il se
reprochait d'avoir jadis encouragé la révolte contre
la Royauté. Il se sentait débordé par la marée mon-
tante de la démagogie. Pour avoir flétri les épou-

vantables massacres de Septembre, pour avoir lutté contre la domination de la Montagne, il était accusé de fédéralisme. Robespierre, Marat et Danton, le sinistre triumvirat, lui avaient voué une haine implacable.

« Au lieu d'inaugurer le règne de la Liberté, disait » le ministre, la Révolution a fait surgir la pire des » tyrannies. Le berceau de la République est souillé » de fange et de sang. Cette chère déesse, que, nous » autres philosophes, nous avions parée de toutes les » beautés idéales, a perdu son auréole. Ses parrains » sont des bourreaux. »

En parlant de Dumouriez, Roland ajoutait : « Ce » général a été dénoncé par les Jacobins. On lui » reproche d'avoir ainsi défini la Convention : *quatre* » *cents imbéciles menés par trois cents scélérats.* »

Après la lecture de cette lettre, Kellermann resta longtemps pensif. Éloigné des agitations de Paris, il ne pouvait comprendre que l'immonde populace, où les clubs recrutaient leurs adhérents, exerçât une telle action sur la Convention et le pouvoir exécutif.

— Mais, objecta le général, il n'y a donc pas de troupes à Paris?

— Non, répondit Dunstan ; la capitale n'a point d'armée régulière. La garde nationale, commandée par le brasseur Santerre, loin de servir la cause de l'ordre, semble plutôt instituée pour tolérer et même favoriser le pillage et l'assassinat. Je ne compte pas non plus les huit cents brigands venus du Midi, et qu'on appelle le « bataillon marseillais » ; cette horde est à la solde des comités : sa complicité est acquise, par avance, aux plus hideux attentats.

— Où sont nos rêves, mon jeune ami ? ils s'évanouissent devant la triste réalité ! On a fait justice des priviléges, on a annihilé l'omnipotence du souverain, la suprématie des hautes classes, et c'était pour tomber sous un despotisme mille fois plus odieux, celui de la canaille ! Ces avocats bavards de la Convention, ces ambitieux tarés entraînent la France aux abîmes, ils épuisent la séve de l'honneur national. Quand ils auront assouvi leurs instincts de destruction et de carnage, quand ils auront, par leur licence effrénée, inspiré au peuple le dégoût de la liberté, le moment sera propice à la dictature, un homme viendra recueillir les bénéfices de cette orgie : il imposera sa volonté de fer, et les âmes, comme dit le grand historien de l'antiquité latine, se rueront d'elles-mêmes sur la servitude.

Peu de jours après son retour, Dunstan fut désigné pour aller commander temporairement un poste, cantonné dans un village à environ six lieues de Metz. La cure était depuis longtemps abandonnée par le desservant; il s'y installa. L'église déserte et profanée servait de caserne aux soldats et d'écurie aux chevaux. En vain les habitants offrirent de loger les hommes sous leurs toits, on ne leur épargna pas la vue de ce scandale; leur requête fut rejetée.

Les premières semaines parurent bien longues à Dunstan ; tous les jours, il regrettait les entretiens qu'il avait naguère avec Kellermann. Il supportait difficilement la vie de garnison; il en détestait la régularité uniforme et les fastidieux loisirs. Pour rompre la monotonie d'une pareille existence, il prit l'habitude de faire de fréquentes promenades à cheval.

Un jour qu'il était parti seul et se laissait aller à l'aventure, il remarqua, en passant près d'une maison de chétive apparence, située sur le bord de la route, un attroupement d'hommes qui maltraitaient un vieillard, dont les mains étaient garrottées.

Dunstan s'approcha du groupe et demanda si le prisonnier était un malfaiteur.

— Oui, capitaine, répondit le plus audacieux de la bande, c'est même plus qu'un scélérat, c'est un fantique, un partisan de l'obscurantisme, un ennemi des libertés publiques!

— Mais enfin, quel crime a-t-il commis?

— Celui d'être prêtre ne suffit-il pas?

— Peste! vos jugements sont péremptoires et rigoureux. N'avez-vous pas un autre chef d'accusation?

— « Sainte Guillotine » ne demande pas tant d'explications. C'est un prêtre, et par conséquent il est condamné d'avance. Nous allons le conduire à la prison du district.

— Vous n'en ferez rien. Confiez-moi ce prisonnier, je m'en charge.

— Impossible, reprit l'homme. Ce curé m'appartient; je n'entends pas perdre la prime de ma dénonciation. Ce gibier-là vaut de l'argent!

Outré d'indignation devant ce cynisme révoltant, le capitaine, comme s'il eût été en face de l'ennemi sur un champ de bataille, sentit bouillir son sang. Sa résolution était prise.

— Laissez le prisonnier s'approcher de moi, dit-il d'un ton bref.

Le pauvre vieillard avait conservé le plus grand calme, il semblait étranger à ce qui se passait autour de lui; mais, à ces mots, comme s'il eût deviné un défenseur, il s'avança aussitôt vers l'officier. Dunstan tira son sabre du fourreau, se pencha et coupa les cordes qui entravaient les mains du captif.

— Pouvez-vous, lui dit-il ensuite, mettre le pied à l'étrier et monter en croupe?

— Nous nous y opposons, hurlèrent les forcenés, le prisonnier nous appartient.

— Si l'un de vous a l'audace de bouger, je lui fends la tête. Je commande ici la force armée; j'ai le droit de vous faire fusiller tous, sans merci ni quartier.

Ces menaces énergiques, l'air déterminé du capitaine en imposèrent aux bandits : ils demeurèrent immobiles et silencieux. La lâcheté paralysait en eux le désir de la vengeance, mais leurs regards fauves lançaient des éclairs de haine.

Profitant de la stupeur momentanée des misérables, Dunstan souleva le pauvre abbé dans ses bras et parvint à le hisser sur la selle.

— Maintenant, Monsieur le curé, dit-il, tenez-vous bien, et en avant!

Le capitaine mit sa monture au grand trot; car le jour baissait, et nos deux chevaliers errants avaient encore plus d'une lieue à franchir, avant d'atteindre le cantonnement. Mais le vieillard ne pouvait supporter les secousses ; chaque soubresaut lui arrachait un gémissement.

— Vous souffrez, Monsieur le curé? dit bientôt Dunstan ; je vais modérer l'allure de mon cheval : nous irons simplement au pas. Ne craignez point de vous appuyer sur moi.

— Hélas ! Monsieur, votre charité me touche profondément; elle vous servira devant Dieu, je vous en donne l'assurance. Mais je serais coupable d'accéder à votre généreux désir. Si mes ennemis connaissaient votre dévouement, vous seriez perdu sans retour. Laissez-moi mettre pied à terre. Je suis vieux ; je souhaite de mourir sur la brèche où le Seigneur m'a ordonné de combattre.

En achevant ces mots, le pauvre prêtre s'efforçait de descendre.

— Monsieur le curé, reprit Dunstan, ne perdons point à discourir un temps précieux. Ne persistez pas dans votre funeste projet : vous seriez cause d'un malheur. Les cannibales vont peut-être revenir en force ; certes, j'en exterminerai le plus possible; mais nous serions forcés de céder au nombre. Si, plus tard, il vous plaît de courir de nouvelles aventures; vous en aurez tout le loisir. Quant à présent, bon gré, mal gré, je jure, par ma mère, de ne pas vous abandonner ici.

— Monsieur, essaya de dire encore le vieillard, vous êtes au service d'une puissance, qui refuse aux prêtres sa protection; vous vous exposez à des dangers certains; votre générosité vous deviendra fatale.

— Monsieur le curé, la République n'a rien à voir dans cette affaire... Mais n'entendez-vous pas, comme moi, les tintements du tocsin? Bientôt, sans doute, nous serons cernés par les bandits. Allons, appuyez-vous sur ma poitrine, entre mes bras; je tiens la bride, gagnons du terrain.

Après quelques minutes de silence, le vieux prêtre reprit, du ton le plus suppliant :

— Monsieur, vous voulez donc absolument être mon sauveur; je vous en conjure, une dernière fois, ne tentez pas l'impossible. Où me conduirez-vous, d'ailleurs?

— A mon propre logement, à la cure abandonnée de Faulquemont.

— Grand Dieu! ce serait me livrer à mes plus cruels ennemis; ce serait vous jeter vivant dans une tanière de tigres. S'il s'agissait de moi seul, je n'hésiterais point à vous suivre; mais il y va de votre vie, je ne puis consentir à vous compromettre. Par grâce, Monsieur, veuillez me déposer sur le bord de la route, en face de la première maison que nous allons bientôt atteindre ; j'en connais les habitants. Ces braves gens me procureront un gîte pour la nuit.

— Si vous l'exigez, Monsieur le curé, j'y consens ; car enfin, je ne puis vous retenir malgré vous. Au surplus, un philosophe n'a pas pour mission de sauver les prêtres.

— Vous aurais-je offensé, Monsieur ? j'en serais au désespoir. Vous êtes philosophe ! Eh bien, c'est donc moi qui vous sauverai. Ah ! pour le salut de votre chère âme, je verserais tout mon sang !

— Je vous remercie de l'intention, mais mon âme n'est point en péril.

— Hélas ! cher enfant, elle est en danger permanent de la mort éternelle. Par ce temps de désolation, avec la carrière que vous avez embrassée, vous n'êtes jamais sûr du lendemain. Si le Dieu de miséricorde m'a placé sur votre route, ce n'est pas sans dessein.

— Eh ! Monsieur, que voulez-vous faire ?

— Supplier le Seigneur de vous toucher de sa grâce, et de vous délivrer des embûches du démon.

— Vous prétendez donc changer, à votre gré, les décisions de l'Être suprême ?

— J'ai été, toute ma vie, un misérable pécheur, indigne par lui-même ; mais Dieu entendra mes prières, il me donnera la force de vous convaincre. L'œuvre est d'ailleurs commencée ; car, mon fils, si vos paroles, si vos pensées ne sont pas encore celles d'un chrétien, votre charité vous a déjà conquis dans le Ciel la place des élus.

Les derniers mots du prêtre avaient singulièrement troublé l'âme de Dunstan.

— D'où vient, se disait-il, cet intérêt, cette subite sympathie dont je suis l'objet ? Je ne mérite point tant d'éloges ; j'ai simplement obéi à la voix de l'honneur. Ma conduite a été celle de tout homme de cœur en pareille circonstance. Ce vieillard accomplit son devoir, au péril de ses jours. Comme un soldat, il demeure fidèle à son poste : il n'abandonne pas les pauvres gens des campagnes ; sa mission est respectable et ne repose pas sur des intérêts matériels. Ah ! il faut en convenir, se disait encore Dunstan, ma situation ne laisse point d'être bizarre. Mes amis de Versailles riraient bien, s'ils me surprenaient dans cet équipage, voyageant à la manière des fils Aymon. Quant à ma pauvre mère, elle me croirait converti. Et Christine, què penserait-elle ?

— Monsieur le curé, reprit Dunstan à voix basse, en suivant involontairement le cours de ses réflexions, ne me témoignez pas une si vive reconnaissance. Je ne puis plus aimer les prêtres : ils sont la cause de mon malheur; une personne, qui m'est chère, a repoussé mes vœux, parce que je ne partageais pas ses idées religieuses. Mon antipathie vous semblera peut-être légitime et motivée.

— Continuez, mon fils; j'écoute votre confession.

— Il ne s'agit pas de confession; je parle sérieusement. Un prêtre, j'en ai la conviction, a abusé de son influence; par ses conseils, il a déterminé celle qui devrait être aujourd'hui ma fiancée à rompre les liens d'une amitié formée dès l'enfance.

— Ne portez-vous pas un jugement téméraire, mon fils? Vous êtes-vous assuré de la véracité de cette accusation?

— L'énergie du refus ne m'a laissé aucun doute.

— Je n'ai jamais blessé la vérité, ni soutenu l'erreur; je peux donc vous affirmer, en mon âme et conscience, que vous attribuez des torts imaginaires à un confesseur. Non, Monsieur, un ministre du Seigneur ne saurait assumer la responsabilité de briser ainsi deux existences. Si j'avais été le directeur de votre fiancée, je lui aurais dit : « Allez, » ma fille, Dieu vous a accordé la vertu et la piété; » ces deux biens ne peuvent rester stériles; donnez » le bonheur à un cœur noble et loyal, remplissez la » sainte mission qui vous est départie par la divine » Providence. A vous l'honneur de ramener à Dieu » cette âme égarée. » Ah! mon fils, les philosophes ont approfondi toutes les sciences humaines, mais ils nourrissent les préventions les moins justifiées contre la Religion et ses ministres.

— Voyons, Monsieur le curé, parlez-moi, à cœur ouvert, sans précautions oratoires : croyez-vous sincèrement aux dogmes que vous avez enseignés pendant toute votre vie? Pardonnez-moi cette question; mais j'ai toujours souhaité l'occasion de l'adresser à un prêtre âgé.

— Mon fils, je vous pardonne ce doute, cependant si cruel, si offensant pour le cœur d'un serviteur de Dieu. Ah! puisse le Seigneur m'accorder la suprême gloire du martyre! je vous montrerai comment on soutient sa foi sur l'échafaud. Nous allons nous quitter, sans doute pour ne plus nous revoir sur cette terre d'épreuves. Je m'appelle Kleiner :

aurai-je le bonheur de connaître le nom de mon sauveur?

— Dunstan de Trévillers.

— Madame votre mère habite-t-elle la France?

— Non; elle réside actuellement à Vevay, en Suisse, avec mon père, le Baron de Trévillers.

Les voyageurs étaient arrivés devant la maison hospitalière, où l'abbé était sûr de trouver un asile. Quand le vieillard, avec l'aide de Dunstan, eut mis pied à terre, il dit au jeune capitaine :

— Voulez-vous, mon fils, accepter l'humble souvenir d'un pauvre vieux prêtre? S'il vous embarrassait, vous l'enverriez à votre mère, comme une marque de la charité héroïque de son noble enfant. Adieu! Avant de nous séparer, laissez-moi vous bénir : O Dieu tout-puissant! faites descendre votre sainte bénédiction sur la tête de ce fils bien-aimé. Acceptez le sacrifice de ma vie, en faveur de cette chère âme! Je mets aux pieds de Jésus-Christ, mon doux Sauveur, les angoisses de mon agonie... Adieu!... adieu!

En achevant ces paroles, l'abbé Kleiner glissa, dans la main de Dunstan, un petit chapelet de bois, aux grains polis par un long usage, et il se dirigea vers la maison, dont la porte venait de s'ouvrir.

Rassuré sur le sort de son compagnon, le capitaine regagna promptement sa résidence. En arrivant à la cure, il y trouva une lettre de son général. Il se hâta d'en prendre lecture.

De graves événements s'étaient accomplis. Kellermann allait quitter le commandement de l'armée de l'Est, il priait Dunstan de venir le voir, sur-le-champ, à Metz.

Le capitaine n'hésita pas ; il fit seller, en toute hâte, un autre cheval ; et, bientôt après, il parcourait au galop la route de Metz.

Quand Dunstan parut devant Kellermann, il remarqua, sur les traits du général, une grande altération : le regard, ordinairement calme et doux, semblait irrité ; les lèvres serrées trahissaient la préoccupation.

— Ah! dit Kellermann, vous vous faites attendre, mon jeune ami. Je comptais vous voir plus tôt.

— Recevez toutes mes excuses, général : j'étais absent ; il n'y a pas deux heures que j'ai lu votre lettre.

— Eh bien! capitaine, la cabale a triomphé, le Pouvoir exécutif me reproche de n'avoir pas envahi le Luxembourg. Le prétexte est à peine spécieux : on veut, à tout prix, m'éloigner. Une compensation m'est offerte, mais j'hésite à l'accepter. Nous allons causer de cela; en attendant, je vais vous apprendre le nom de mon remplaçant, c'est Beurnonville. Demain, trente Novembre, je dois résigner mes pouvoirs et quitter Metz.

— Votre retraite, général, dicte ma résolution : je me retire de l'armée.

— Non, mon ami, ne suivez pas l'exemple de Dumouriez. Vous ne servez pas la Convention : vous défendez notre chère patrie. Et puis, si j'accepte un autre commandement, j'obtiendrai pour vous une permutation et je vous appellerai près de moi.

La conversation, ainsi engagée par ce préambule, se prolongea fort avant dans la nuit; déjà l'aube commençait à poindre, quand Dunstan reprit le chemin de son cantonnement.

CHAPITRE XI

Le Baron de Trévillers et sa noble compagne subissaient avec dignité les rigueurs de l'exil; mais une indicible tristesse assombrissait leur existence. Non-seulement ils avaient à pleurer la patrie perdue, mais encore ils étaient séparés de leur unique enfant, dont ils ignoraient même la destinée.

Par une correspondance assidue, Mme Descerniers s'efforçait de consoler les émigrés. De son côté, Christine écrivait souvent à la Baronne et lui témoignait un dévouement tendre et quasi filial. Elle avait d'abord soigneusement évité toute allusion au départ de Dunstan, poussant même la réserve jusqu'à s'abstenir d'ajouter la moindre ligne aux lettres où Mme Descerniers parlait du Chevalier. Le sacrifice accompli, la jeune fille en avait courageusement accepté les pénibles conséquences. Mais l'absence prolongée de Dunstan ne permettait plus à l'affection de se voiler sous de banales expressions de condoléance. Par excès de discrétion, fallait-il donc se montrer indifférente à la légitime douleur d'une mère ? Christine ne le pensa pas : dans sa dernière lettre, elle tentait de calmer les inquiétudes de la Baronne et de ranimer son courage.

« Certainement, lui écrivait-elle, une puissance
» tutélaire veille sur vous ; car, malgré l'infâme avi-
» dité des spoliateurs, vos biens sont épargnés, le
» château demeure respecté. Cette protection mys-
» térieuse est du meilleur augure ; on devine l'in-
» fluence de Monsieur le Chevalier. »

Mais les jours se passaient, sans apporter de nouvelles : l'anxiété était à son comble. Enfin, un matin, Mme de Trévillers reçut la lettre suivante :

« Madame la Baronne,

» Avant de mourir, avant de confesser sa foi sur
» l'échafaud, un humble vieux prêtre, du fond de sa
» prison, veut acquitter envers vous une dette sa-
» crée.
» Permettez-moi de bénir les parents du cher

» et glorieux enfant qui, un jour, a risqué sa vie
» pour sauver la mienne. Je ne puis lui donner un
» suprême témoignage de gratitude, puisque j'ignore
» le lieu de sa nouvelle résidence ; mais j'ose vous
» supplier, Madame et heureuse mère, de vouloir
» bien l'assurer que le dernier battement de mon
» cœur reconnaissant sera pour lui, et ma dernière
» prière pour le salut de son âme.

» Votre très-humble serviteur en Jésus-Christ,

» P. KLEINER, prêtre. »

M. et Mme de Trévillers restèrent muets de surprise et d'effroi. Ce lugubre testament désignait évidemment leur fils. Mais comment le Chevalier se trouvait-il mêlé à ce sinistre drame? Ses sentiments à l'égard du Clergé n'étaient-ils pas inconciliables avec un pareil dévouement?

— Nous sommes, dit enfin le Baron, en présence d'une douloureuse énigme. Dunstan est d'un courage à toute épreuve, je n'en doute pas ; toutefois j'hésite à lui supposer la volonté de sauver un prêtre, au péril de sa vie.

— Je partage votre hésitation, mon ami, mais ne connaissez-vous pas, comme moi, l'esprit chevaleresque de notre cher enfant? Et puis, la droiture de son cœur n'a-t-elle pas heureusement modifié ses idées ? En ces temps d'épreuves, Dieu aura daigné lui envoyer une inspiration secourable ! Hâtons-nous de prévenir nos amies, Mesdames Descerniers : elles nous aideront peut-être à découvrir la vérité.

La Baronne écrivit sans retard et joignit, à sa lettre, une copie de celle de l'abbé Kleiner.

Le porteur de cet envoi, Josillon, arriva à Trévillers, mystérieusement, à l'heure du crépuscule, sans avoir été aperçu par aucun habitant du village. Mme Descerniers et sa fille s'entretenaient précisément du Chevalier, et se communiquaient leurs mutuelles appréhensions.

— Mesdames, dit Josillon, en apportant son message, mon beau-frère Goudron viendra, demain, au point du jour, chercher la réponse ; je passerai la nuit chez lui et m'en retournerai à Goumois, quand vous lui aurez donné vos commissions.

Mme Descerniers avait à peine terminé la lecture des dépêches de la Baronne que déjà Christine s'écriait :

— Ma mère, le doute n'est pas possible ; Dunstan est là, je le reconnais, à cette noble abnégation, à ce sacrifice de ses convictions, quand il s'agit de défendre un malheureux.

— J'en suis persuadée, comme vous, ma chère enfant ; mais alors prions pour lui : demandons à Dieu de le prendre sous sa sainte garde. Dans le temps de calamités où nous vivons, on ne protége pas impunément un prêtre. Par sa vaillante conduite, le Chevalier s'est signalé à la haine des méchants ; il doit courir les plus grands dangers.

Mme Descerniers ne se livra pas au sommeil avant d'avoir répondu à la Baronne. En déplorant le maryre du vénérable abbé Kleiner, elle ajoutait : « L'intercession de ce saint vieillard sera toute puissante auprès de Dieu ; et Monsieur le Chevalier en retirera le précieux avantage d'une prochaine conversion. » Elle laissait ainsi entrevoir à Mme de Trévillers une espérance de bonheur ; elle dissimulait, de son mieux, les craintes dont elle était obsédée, craintes qui malheureusement ne devaient pas tarder à se réaliser.

En effet, dans la matinée du lendemain, le maire Arnoux se rendit près de Goudron, qu'il trouva occupé à relever le fumier de son écurie.

— Bonjour, Marcellin, lui dit-il en affectant un air chagrin, viens à la mairie, j'ai à te parler.

— A moi, M'sieur le maire ? pas possible ! Je vous

prête mes deux oreilles. N'ayez point peur; me[s]
vaches sont discrètes, bien sûrement.

— Sans doute, mais on ne traite pas les affaire[s]
de l'État dans une écurie.

— Baste, en République! Vous êtes ici comm[e]
chez vous.

— J'ai à te confier un secret de la dernière im[-]
portance.

— Ah! j'y suis, il s'agit probablement de la be[r]
line. En avez-vous des nouvelles?

— Non, Marcellin, ne parlons pas de cela; il y [a]
d'intérêts plus sérieux.

— Ma fine! quand vous m'aurez conté la chos[e]
je la devinerai!

— Tu ne veux donc pas venir à la maison?

— Dame! voyez mes sabots chargés de fumie[r]
J'aurais honte de sortir en si piètre équipage, av[ec]
vous, M'sieur le maire.

— Allons! il faut bien céder à ton opiniâtret[é]
Écoute-moi attentivement. Ce matin, j'ai reçu u[ne]
lettre du Gouvernement : on me demande certai[ns]
renseignements sur les ci-devant seigneurs de T[ri]
villers; on veut savoir où ils sont et ce qu'ils fo[nt]
D'après l'enquête, le fameux Chevalier, ce répu[bli]
cain d'occasion, s'est laissé pincer, et, naturel[le]

ment, on désire le guillotiner, dans les règles, avec toutes les formes de la politesse. Or, comme les citoyennes Descerniers et toi, vous êtes les seules personnes du village capables de donner les explications nécessaires, je suis obligé, à mon grand regret, de vous faire prendre le chemin de Besançon, pour déposer devant le commissaire extraordinaire de la République. Ainsi, prépare-toi ; pendant ce temps-là, je me présenterai chez les citoyennes.

— Et le pincé, où est-il ? On va donc le juger à Besançon ?

— Non, ce sera à Metz, en Lorraine.

— Dites-moi, M'sieur le maire, je ne puis absolument pas aller à Besançon avec mes sabots ; vous me prêterez bien vos belles bottes à retroussis jaunes et à houppettes rouges. Mais, à propos, j'y songe : si, Mesdames Descerniers, ou moi, nous sortons de Trévillers, si nous restons absents plus d'une demi-journée, mon papier... vous savez... le petit papier...

— Eh bien ?

— Eh bien ! ce petit papier... Josillon ira tout droit le porter à l'ambassadeur de France à Berne. Si je rafraîchis votre mémoire, M'sieur le maire, c'est que je serais désolé de vous occasionner la moindre peine.

— Ah! gredin, je devine ta malice infernale; tu cherches à éluder le voyage! Mais, Capétien, comprends bien ceci : il ne dépend pas de moi de vous éviter cette corvée; d'ailleurs les frais de route vous seront remboursés en excellents assignats. D'autre part, si vous ne vous rendez pas à ma sommation, la force armée viendra vous saisir et vous fera marcher, bon gré, mal gré.

— Il n'y a rien à répliquer là-dessus, M'sieur le maire; si on nous oblige à voyager, nous ne résisterons pas, sans doute; mais, ma fine! le petit papier voyagera, lui aussi, et, quand nous arriverons à Besançon, il arrivera à Berne.

— Mon cher Marcellin, tu ne me comprends pas. Mets-toi à ma place.

— Oh! M'sieur le maire, vous ne voudriez point, ni moi non plus, morgué!

— Ton intelligence a donc émigré? Je te supplie d'apprécier ma position : j'obéis à des ordres supérieurs. Comprends-tu? que faire?

— Pardine! rien n'est plus simple : les ci-devant sont des gens bien honnêtes, bien tranquilles; couchez ça par écrit, et, pour dire la vérité, votre rapport n'en sera pas plus mauvais.

— Ah! maudit animal, tu as donc juré ma perte?

— Oh ! nenni, M'sieur le maire, je veux au contraire vous tirer d'embarras : suivez mon avis et vous conserverez votre écharpe, votre chapeau, avec votre plumet pour mettre dessus, et votre tête pour mettre dessous.

— Scélérat d'aristocrate ! j'ai une furieuse envie de t'étrangler !..

— Dame ! pour contenter votre fantaisie, il faudrait me prendre au collet ; et auparavant vous recevriez, dans le ventre, deux ou trois pouces de mon trident.

— Brigand féodal ! tu oses menacer un magistrat de la République ?

— Dites donc, M'sieur le maire, il me vient une idée. Je puis vous sauver. Ça vous étonne ? Pourtant rien n'est plus vrai. Il faut, à tout prix, que vous restiez maire de Trévillers ; j'ai mes raisons pour le vouloir. Eh bien ! donnez-moi un passe-port en règle, je m'absenterai du pays pendant une semaine. Trouvez, inventez un prétexte : vous direz, par exemple, que je voyage pour le bien de la chose publique ; les grands mots font toujours bon effet ; et vous antidaterez, de deux jours, votre autorisation, afin de pouvoir vous excuser auprès de la justice du département. Je serai absent, vous voilà tiré d'affaire !

— Si tu parles sérieusement, c'est bien dit, et j'y consens. Mais... le papier?

— Soyez en repos; on avertira Josillon.

— Tu es, ma foi, un bon enfant, mon petit Marcellin. Nous finirons par nous accorder. Je vais immédiatement rédiger l'écrit et y apposer le timbre de la mairie : attends-moi.

Le naïf démagogue, heureux de se débarrasser de son Argus, se hâta de minuter le passe-port en termes pompeux, avec force éloges attestant le civisme du citoyen voyageur.

— Ah! se disait-il à lui-même, si au moins le gredin pouvait crever en route, ou être pincé par le Tribunal Révolutionnaire !

Au bout d'un quart d'heure, le maire Arnoux rejoignit Goudron, qui continuait à travailler dans son écurie.

— Tiens, mon bon Marcellin, lui dit-il, voici un laissez-passer en règle; avec cela tu pourrais parcourir tous les départements, sûr d'être respecté et protégé par les meilleurs sans-culottes.

Goudron lut la pièce plusieurs fois, examina attentivement la signature et le timbre, flaira la feuille sur les deux faces; puis, après l'avoir soigneusement pliée, il la serra dans sa poche.

— Maintenant, ajouta le digne maire, n'oublie pas de prévenir Josillon de ton départ.

— Soyez tranquille, il fermera l'œil sur moi, il veillera seulement sur Mesdames Descerniers.

— Que veux-tu dire ?

— Rien de nouveau ; seulement, vous le savez bien, si on tracassait, un petit brin, ces bonnes dames-là, Josillon enverrait le papier à Berne.

A ces mots, le maire ne put contenir sa rage :

— Rends-moi mon autorisation, triple gueux ! tu m'as indignement trompé ; tu m'as mis dedans.

— Allons donc, M'sieur le maire, je ne suis pas assez républicain pour mettre les autres dedans.

— Ah ! tiens, je vais t'étrangler.

— Pas si vite, M'sieur, pas si vite, ou sinon...

En même temps Goudron, reculant d'une semelle, mit en arrêt son terrible trident ; puis il dit, en souriant de la mine effarée du maire :

— Faut point se fâcher, mon magistrat, ça ne sert de rien ; ne sommes-nous pas tous frères et amis ?

Le citoyen Arnoux comprit l'inutilité de ses efforts pour recouvrer, par la violence, sa malencontreuse autorisation : il se retira, la rage au cœur. En s'éloignant, il eut encore le désagrément d'entendre les adieux ironiques du fermier.

— Faut point se fâcher, M'sieur le maire ! criait Goudron. N'oubliez point de me réserver le plus gros lot dans le partage des terres de nos ci-devant...

Marcellin se hâta d'aller raconter à Mmes Descerniers les tristes nouvelles qu'il venait d'apprendre. L'arrestation de Dunstan fut un coup de foudre pour Christine et sa mère ; plongées dans la stupeur, elles laissèrent partir le brave fermier, sans reprendre assez de courage pour s'entretenir avec lui.

Christine versait d'abondantes larmes, dernier soulagement d'un cœur brisé... Elle ne nourrissait plus d'illusions ; elle envisageait l'avenir dans toute son horreur. Elle voyait le Chevalier de Trévillers condamné, elle le voyait payant de sa vie son noble dévouement.

D'ailleurs, si elle eût conservé la moindre espérance, elle l'aurait bientôt perdue, quand se répandit la nouvelle du plus épouvantable des forfaits. La Convention, cédant à la haine implacable d'une poignée de fous furieux, avait prononcé contre le Roi, à la majorité de onze voix, la peine de mort, sans sursis, sans appel ; et, le vingt et un Janvier, Louis XVI, ce modèle de bonté et de douceur, ce monarque, dont la sainteté n'avait point eu d'égale depuis Saint Louis, venait d'expier ses mérites sur un ignominieux échafaud !

On entrait dans l'effroyable règne de la Terreur ! L'heure des égorgements était arrivée. Sur l'autel de la déesse Raison, les sanglantes hécatombes allaient se succéder : les victimes étaient déjà marquées parmi les illustrations de la noblesse, du patriotisme, du génie et de la vertu !

CHAPITRE XII

Avoir conçu l'audacieuse pensée de sauver un prêtre, avoir défendu un vénérable vieillard contre les violences d'infâmes scélérats, il n'était pas de crime plus irrémissible, sous le régime de la Terreur.

Peu de jours après la généreuse tentative de Dunstan, une dénonciation parvint au Comité de Salut public, à Paris ; les tigres n'avaient pu voir, sans une bestiale fureur, la victime s'échapper de leurs griffes ; ils ne voulaient pas renoncer à la prime de la délation, ils réclamaient les trente deniers de Judas.

Le Comité de Salut public déployait alors une effroyable activité ; il fallait pourvoir la guillotine,

il fallait désaltérer la soif sanguinaire des hommes
de la Montagne. On ne s'arrêtait pas aux lenteurs
de la procédure : une dénonciation en règle permettait de passer outre. On s'inquiétait peu de mettre
plus ou moins de légalité dans l'assassinat ; la justice
avait jeté ses balances, pour manier plus aisément la
hache révolutionnaire.

Un mandat d'arrestation fut immédiatement dé-
cerné contre le capitaine Trévillers ; quand il fut
transmis à l'autorité militaire de Metz, le général
Kellermann venait de partir pour aller prendre le
commandement de l'armée des Alpes. Cette funeste
coïncidence aggravait la situation de Dunstan ; il se
trouvait tout à coup privé de son plus puissant défenseur, d'un ami dont l'affection lui était acquise.

A la vérité, Kellermann avait chaleureusement
recommandé son jeune protégé au nouveau général ;
mais, dans les premiers temps de son installation,
Beurnonville, assiégé par des préoccupations de
toute nature, avait oublié le capitaine.

Cependant l'arrestation d'un officier en activité de
service demande des formalités hiérarchiques : le
colonel est obligé d'en référer au général de brigade,
et celui-ci au chef de l'armée. Quand le mandat d'a-
mener lui fut présenté, Beurnonville n'accorda pas

son visa, avant d'avoir procédé lui-même à une enquête. Il manda le Chevalier en sa présence. Après
l'avoir considéré un instant, il lui dit :

— Si mes souvenirs ne me trompent point,
jeune homme, vous ne m'êtes pas tout à fait inconnu?

— Le général Kellermann a daigné me recommander à votre haute bienveillance.

— C'est juste; vous précisez mes souvenirs. Mais,
capitaine, dans quelle fâcheuse aventure vous êtes-
vous jeté? Il est dangereux de se constituer le protecteur des prêtres : vous ne l'ignorez pas?

— Je ne me suis point préoccupé du caractère de
l'homme. J'ai vu des brutes s'acharnant sur un vieillard inoffensif; j'ai arraché une victime à des bourreaux.

— Au point de vue militaire, on peut vous reprocher d'avoir agi en dehors de votre mandat. Vous
avouez donc le fait?

— Oui, général! dût-elle attirer sur moi les plus
grands périls, je ne déclinerai jamais la responsabilité d'une action, qui m'était dictée par les sentiments de la plus vulgaire humanité.

— Quelles sont vos opinions?

— J'ai toujours eu celles d'un philosophe.

— N'êtes-vous pas gentilhomme?

— Oui, général.

— Voilà qui complique votre affaire et empire votre position. C'est vraiment dommage, car vos états de service sont excellents. Enfin, comptez sur moi, j'userai de mon influence, j'obtiendrai, tout au moins, la disjonction de votre cause, pour en atténuer la gravité.

Cette démarche, comme on le voit, n'était pas de nature à compromettre le protecteur. Elle n'annonçait pas un sincère dévouement; elle dénotait plutôt la crainte de déplaire aux clubs omnipotents, où régnaient, en maîtres absolus, Robespierre, Marat et Danton.

Le Chevalier se retira, sans essayer aucune sollicitation; il fut immédiatement mis aux arrêts dans sa chambre.

L'acte d'accusation avait été affiché aux portes de toutes les casernes. Comme l'armée, la population de Metz discutait cet événement : le camp des accusateurs était puissant, mais la plupart des officiers prenaient parti pour leur collègue.

Dunstan était tenu au courant des bruits et des impressions de la ville par l'un de ses camarades, capitaine comme lui, qui venait le consoler et lui rendre plus tolérables les ennuis de la captivité.

Cependant le procès s'instruisait, ou, pour parler plus exactement, il avait été inscrit au rôle; l'instruction consciencieuse d'une affaire eût nécessité des délais, peu compatibles avec l'allure expéditive des tribunaux révolutionnaires. Le général Beurnonville n'avait pas oublié ses promesses : il avait sollicité et obtenu que la cause de Dunstan ne fût pas liée à celle de l'abbé Kleiner. Mais là s'étaient bornées ses démarches; il n'avait point revendiqué la compétence du conseil de guerre. Fallait-il attribuer cette indifférence à ses préoccupations incessantes, car il méditait alors son plan de campagne pour envahir le pays de Trèves? Ou bien les recommandations de Kellermann avaient-elles desservi le protégé auprès de Beurnonville, qui jalousait sourdement le protecteur?

Un jour qu'il conférait, dans son cabinet, avec plusieurs officiers de l'état-major, l'un de ses aides de camp vint lui dire qu'un paysan voulait absolument lui offrir un panier de friandises.

— Le seul moyen de se débarrasser de cet importun, ajouta l'aide de camp, c'est de l'arrêter provisoirement. .

— Un panier de friandises! dit le général en riant.

Par Dieu! la bonne intention de ce brave homme ne mérite pas une telle rigueur. Laissez-le entrer : il nous déridera un peu.

On entendit bientôt, à travers les corridors et l'antichambre, le paysan qui criait de toutes ses forces :

— Vous n'avez pas le droit de m'empêcher de passer. Je veux voir le général, je le connais bien ; il est de mon village, savez-vous, c'est un pays, j'ai à lui parler. Il me connaît bien et n'a point honte du pauvre monde. Ce n'est pas un faraud !

Quand le paysan fut introduit, il promena, de tous côtés, ses regards effarés, en criant :

— Où est-il, le général? Il n'est donc pas ici? Oh ! mais on n'aura pas mon panier, vous ne m'enjôlerez point, oui-dà !

— Voyons parle plus clairement, lui dit en riant Beurnonville. Tu demandes ?

— Le général en chef, pardine! M'sieur Dunstan, mon pays, le plus fameux cadet du village !

— Le général en chef, c'est moi, mon ami.

— Oh ! que nenni, vous n'êtes point M'sieur Dunstan, né natif de Trévillers.

— Trévillers? tu déraisonnes! Où prends-tu ces sornettes ?

—Voilà, mon capitaine. J'arrive du pays, avec ce

panier, où Josette, ma femme, la sœur de Josillon, mon beau-frère, a mis les deux plus beaux coqs de nos montagnes et quelques bouteilles de vieux vin des Arsures : c'est, sauf votre respect, le meilleur vignoble du Jura. Depuis deux jours, je cherche partout M'sieur Dunstan, sans réussir à le trouver. Tout à l'heure enfin, je m'adresse à un bien honnête soldat, pour lui demander s'il connaissait M'sieur Dunstan.

— « Tiens, m'a-t-il dit, entre dans cette maison où » tu vois des sentinelles, tu en auras des nouvelles ; » tu peux te présenter sans façon. » — Je suis entré, et me voilà. Mais où est donc M'sieur Dunstan ?

— Tu le sauras peut-être bientôt ; en attendant, dis-moi, connais-tu bien celui dont tu parles ?

— Ah ! mon officier, comme si j'étais son papa ! C'est le plus brave des braves patriotes, un peu enragé, c'est possible, mais ce n'est pas un défaut. Il fallait le voir autrefois faire endiabler notre ci-devant curé ; il voulait le convertir à la polysophie ou à quelque drôlerie comme ça.

— Celui que tu cherches n'est pas général, il n'est que capitaine.

— Général ? capitaine ? n'est-ce pas la même chose ? Mais où donc est-il ?

— Il est prisonnier.

— Ah bien ouiche ! un capitaine général en prison, allons donc !

— Tu tiens absolument à le voir ?

— Dame ! pour lui remettre le panier, c'est assez nécessaire.

Alors, prenant à l'écart l'un de ses aides de camp, Beurnonville lui dit, à voix basse, de manière à ne pas être entendu du paysan :

— Vérifiez le contenu du panier, et si, parmi les provisions, vous ne trouvez rien de suspect, conduisez ce bonhomme chez le capitaine Trévillers.

Puis se ravisant tout à coup :

— Avant tout, consignez par écrit les réponses de ce rustre ; j'ai plusieurs questions à lui poser.

Et, s'adressant au paysan, il lui dit :

— Décline ton nom, tes prénoms.

— S'il vous plaît ?

— Comment t'appelles-tu ?

— Ah ! par exemple, en voilà une sévère ! vous ne connaissez pas Marcellin Goudron, le beau-frère de Josillon ! Ah ! bien, ma foi, c'est trop fort !

— Ta profession ?

— S'il vous plaît ?

— Je te demande ton état.

— Vous êtes bien honnête ; je cultive la terre.

— Ton âge?

— Quarante-neuf ans ou cinquante-trois ans.

— Comment! tu ignores la date exacte de ta naissance?

— Ah! je vais vous dire, mon capitaine général; mes vaches, mes brebis, mes chèvres, mes poules, je les compte, parce que les voleurs, les loups et les renards sont bien habiles; mais, mes années, je n'ai point besoin de les nombrer, personne ne m'en prendra, bien sûr.

— D'où es-tu originaire?

— S'il vous plaît?

— Quel est ton pays?

— Pardine! je suis né natif de Trévillers, à preuve que le maire, le citoyen Arnoux, est mon ami. Ah! celui-là, c'est le plus fier homme de l'endroit, quand il a ses bottes à retroussis jaunes, sa carmagnole verte, et son plumet rouge, plus long que votre grand sabre.

— Assez! dit enfin Beurnonville; conduisez ce maroufle chez le capitaine Trévillers. Il est trop niais pour être dangereux.

Marcellin Goudron, car c'était bien lui, s'empressa de suivre son guide et arriva bientôt chez le prisonnier. Sans attendre les préambules d'une présentation, il s'écria, en apercevant le Chevalier :

— Ah! le voilà, M'sieur Dunstan! J'apporte du pays ce panier plein de bonnes choses...

— Capitaine, dit en riant l'aide de camp, le général a bien voulu laisser cet homme parvenir jusqu'à vous ; vous êtes libre de vous entretenir avec lui.

Dès que le prisonnier et Marcellin furent seuls, Dunstan, fort étonné, lui dit avec empressement :

— Comment? c'est toi, mon pauvre Goudron! par quel hasard te trouves-tu à Metz?

— Sommes-nous bien seuls, Monsieur le Chevalier?

— Oui; parle sans crainte.

Goudron expliqua alors comment il avait appris, par le maire Arnoux, l'arrestation et le procès ; puis il raconta son départ précipité de Trévillers, après une courte visite à Mmes Descerniers.

— Je t'arrête ici, mon brave Marcellin ; donne-moi, avant tout, des nouvelles de ces dames.

— Ma foi, Monsieur, elles sont bien affligées. Quand j'allai leur annoncer le motif de mon voyage, c'est-à-dire votre arrestation, Mademoiselle Christine n'a pu retenir ses sanglots ; elle cachait son visage dans ses mains, et ses larmes coulaient entre ses petits doigts. Madame Descerniers n'était pas moins désolée. Moi, je me sentais trop ému pour rester là plus longtemps; je me suis sauvé à toutes jambes, et, un quart d'heure après, je cheminais, d'un bon pas, sur la route de Metz.

— Mademoiselle Christine ne t'a rien dit?

— Rien du tout. La chère demoiselle est bien changée depuis six mois. Sa grande pâleur donne même de l'inquiétude à Madame Descerniers. On ne peut parvenir à l'égayer; elle ne sort plus, elle va seulement, de temps à autre, au château, avec sa mère, afin de s'assurer si tout est bien en ordre. Elle passe les jours, et peut-être une partie des nuits, à prier, à confectionner des vêtements pour les malheureux. Je reviens à mon voyage. En arrivant à Metz, je me mis à vous chercher par toute la ville. Personne ne pouvait me fournir de renseignements. Enfin, passant ce matin devant une caserne, je lus sur une grande affiche : « Arrestation du capitaine Dunstan Trévillers. » Vous jugez de mon chagrin! Mais je n'avais pas le temps de me désoler, ni de solliciter la permission de vous voir! L'important, c'était de parvenir jusqu'à vous, tout de suite, sans formalités. Alors j'allai immédiatement acheter ce panier, j'y installai ces deux coqs en compagnie de six bouteilles de mauvais vin de Lorraine, et je me présentai hardiment au général Beurnonville. Grâce au bon Dieu, mon stratagème a réussi. Maintenant, Monsieur le Chevalier, il faut sortir d'ici, quitter Metz et éviter, à tout prix, de passer en jugement.

— Hélas! mon cher Goudron, mon ami, car je puis t'appeler ainsi, tu es un véritable ami, chercher à fuir, à éviter la justice, ce serait m'avouer coupable !

— Mauvais raisonnement, Monsieur le Chevalier. Quand on est tombé au milieu d'une bande de brigands, quand on s'est fourvoyé dans l'antre des bêtes féroces, on ne discute pas, on se sauve.

— Mon bon Marcellin, ton insistance est inutile ; je ne consentirai jamais à tenter une évasion, car, pour éluder la prison, pour rester chez moi aux arrêts, j'ai donné ma parole d'honneur. Mon seul recours, s'il en est temps encore, c'est d'écrire au général Kellermann et de lui demander son appui. J'avais un autre protecteur à Paris, Monsieur Roland ; malheureusement, il n'est plus ministre.

— Où est le général?

— Oh! bien loin! à Nice ou à Chambéry.

— Monsieur Dunstan, pour la dernière fois, voulez-vous fuir? Je garantis...

— Non, ne m'en parle plus. Je ne manquerai jamais à mon serment.

— Eh bien! écrivez, sans retard, à ce bon Monsieur Kellermann; je pars de suite lui porter la lettre. J'irai prendre, à Gray, le coche qui me mènera à Lyon. Là, je m'informerai où se trouve le général, et, dans quinze jours, je serai de retour ici.

Dunstan se conforma au désir de Marcellin. La véritable amitié sait trouver des accents irrésistibles. Le cordial dévouement de l'humble paysan produisait plus d'effet sur l'esprit du capitaine que tous les efforts, tentés naguère par les officiers.

La lettre écrite et cachetée, Dunstan la remit au brave fermier, en lui disant :

— Tu arriveras trop tard sans doute, mon ami; mais enfin, si ton zèle restait stérile, tu retournerais à Trévillers et tu porterais à Mesdames Descerniers mon éternel adieu. Elles sauraient prendre les précautions nécessaires, pour prévenir mon père et ma pauvre mère. Adieu, mon ami !

Goudron s'éloigna aussitôt. Malgré l'énergie de son caractère, il ne pouvait plus retenir ses larmes. Il parcourut, avec une incroyable rapidité, l'espace

considérable qui sépare Metz de la ville de Gray.
En arrivant dans cette localité, il eut la bonne fortune de trouver le coche prêt à partir pour Lyon.
Cinq jours après, il atteignait cette dernière ville. Il
y resta à peine trois ou quatre heures, car, dès son
arrivée, il apprit que Kellermann avait établi son
quartier général à Chambéry. Les moments étaient
précieux : sans reprendre haleine, notre voyageur
se dirigea vers la terre promise, et il y arriva enfin,
une semaine après avoir quitté Metz.

CHAPITRE XIII

Trois jours après le départ de Marcellin, Dunstan fut transféré dans la prison civile de Metz : son procès devait donc être jugé incessamment. Jusqu'alors, il s'était cru justiciable du conseil de guerre : mais maintenant cette dernière chance de salut lui échappait sans retour. Il ne pouvait plus compter sur un acquittement : il allait comparaître devant un tribunal révolutionnaire, dont les membres étaient soigneusement choisis et nommés par le Comité de Salut public.

Cependant le général Beurnonville craignit de justifier, par une indifférence déjà trop marquée, les reproches que les officiers n'hésitaient pas à formuler hautement. Ne point revendiquer les prérogatives militaires, délaisser la cause à la juridiction civile, c'était amoindrir le prestige de son autorité. Dans cette situation critique, pour mettre sa responsabilité à couvert, pour se disculper, au besoin, devant l'opinion de l'armée, il adressa un rapport au ministre, en se gardant bien toutefois de recommander autrement le capitaine Trévillers, auquel il reprochait, *in petto*, d'être le protégé de Kellermann.

Mais le citoyen Pache, ministre de la guerre, connu par sa faiblesse de caractère et son affinité avec les Jacobins, attentif à ménager tous les pouvoirs, ne prenait jamais de décision. Il répondit, d'une manière évasive, montra des apparences de bon vouloir, donna de vagues promesses, en s'abstenant de statuer définitivement.

Ces tiraillements durèrent huit jours; pendant toute une longue semaine, le malheureux capitaine resta privé des visites de ses camarades.

Dante a dit qu'il n'était pas de souffrance plus amère que le souvenir des jours de bonheur, au milieu des angoisses, des tristesses du temps présent. Dunstan comprit combien la pensée du grand poëte était cruellement vraie.

Les riants fantômes du passé hantèrent sa solitude. Les heures radieuses de son enfance et de sa jeunesse lui apparaissaient en foule. Et soudain il se croyait transporté au château de Trévillers : il revoyait ses parents, son vieux père, si digne par l'inflexibilité de ses convictions, sa mère, si pleine de tendresse, puis ses amis, Mme Descerniers, avec sa douce persuasion, et Christine, Christine, dont les pieuses et angéliques paroles retentissaient encore dans sa mémoire. Avec quelle sincérité, la courageuse enfant affirmait sa foi, avec quelle énergie elle protestait de ne la jamais trahir !

— Ah ! pourquoi, s'écria-t-il tout à coup, ai-je abandonné ces doctrines, où l'on puise tant de force, tant de résignation ! Je n'attends plus rien des hommes ; il me faudrait un secours inconnu ; j'aurais besoin de croire, d'espérer, et le doute me torture. Ah ! la philosophie se montre à moi, dans toute sa vanité, dans toute son impuissance ! Rien ! il ne me reste rien, des pures et chères croyances de mes jeunes années ! Les regrets, le désespoir, voilà mon partage. Mes orgueilleux amis n'auront, pour moi, ni une parole de pitié, ni une parole de consolation. Christine, vous seule, vous aviez la bonté, l'indulgence, et, quand je me refusais à reconnaître la vérité, vous excusiez encore mes insolents défis !

Comme il parlait, il retrouva, au fond de sa poche,

le chapelet que lui avait donné le vénérable abbé Kleiner. Il le considéra longtemps, en s'abandonnant à une rêverie profonde. Des pensées, autrefois pieuses et consolantes, combattues et presque effacées depuis, envahirent tumultueusement son esprit et lui devinrent peu-à-peu familières. Une des prières, que lui avait apprises sa mère, lui revint à la mémoire : il en balbutia le commencement, et fut tout surpris de la continuer jusqu'à la fin. Cette action ne lui déplut pas ; il se mit à réfléchir plus sérieusement ; il pensa à Christine et chercha d'autres prières dans ses souvenirs.

Tout à coup ses yeux, fixés sur la muraille de la prison, y découvrirent quelques lignes écrites au crayon. En s'approchant, il lut :

« Celui qui aime Dieu, de tout son cœur, ne
» craint ni la mort, ni les supplices, ni le jugement,
» ni l'enfer, parce que l'amour parfait nous donne
» un accès libre auprès de Dieu. »

(Imit. de J.-C., liv. I, ch. xxiv.)

Et, au bas de cette sentence, il découvrit une signature :

P. KLEINER, prêtre.
28 janvier 1793.

Cette révélation inattendue atterra le capitaine. Son dévouement avait donc été inutile : le vénérable prêtre était retombé au pouvoir des misérables acharnés à sa perte. Incarcéré dans cette prison, avant de marcher au supplice, il avait voulu léguer aux hommes un suprême témoignage de sa confiance en Dieu.

Et, cet héritage de foi et d'espérance, Dunstan était appelé à le recueillir. Ainsi se trouvait réalisé le vœu du saint vieillard, ainsi se vérifiaient les paroles qu'il avait naguère adressées au Chevalier, en lui donnant sa bénédiction : « Je prierai Dieu pour le salut de votre âme! »

Les desseins de la Providence se manifestèrent au malheureux captif : dans un transport de reconnaissance, il approcha de ses lèvres le chapelet, il baisa respectueusement l'humble présent de l'abbé Kleiner.

Chez la plupart des hommes, le temps et l'expérience modifient peu-à-peu les opinions, adoptées à l'heure des enthousiasmes de l'adolescence. Il n'est pas rare de voir les jeunes hommes débuter par une admiration fanatique des Républiques de la Grèce et de l'ancienne Rome. Le délire des passions, l'attrait puissant des beaux modèles de l'Antiquité, détruisent l'harmonie de l'éducation chrétienne et les notions si nécessaires au maintien de l'ordre social. Mais, plus tard, la réflexion reprend ses droits, elle réforme les idées ; le jugement brise les idoles ; l'utopie s'efface devant la réalité. Seuls les esprits faux se débattent longtemps, sinon toujours, dans l'inextricable labyrinthe des sophismes.

Les catastrophes, dont le Chevalier de Trévillers était le témoin et la victime, avaient singulièrement mûri son esprit. Il ne résista pas à ce dernier appel de la voix divine. La vérité s'affirmait, éclatante de splendeur : le buisson ardent, dont parle Moïse, dissipait les ténèbres du doute. La foi lui était rendue.

— Non ! s'écria-t-il, ce saint prêtre ne puisait pas ses inspirations dans les arides maximes de la philosophie, il obéissait à des lois d'un autre ordre ; j'en jure, par ces lignes qu'il a tracées de sa main avant de marcher à la mort. L'espérance exaltait son courage ; près de quitter la terre, au seuil de l'éternité, il saluait le Ciel, sa véritable patrie. Les athées en ont menti ! Il est un Dieu ; ce Dieu, je l'implore, à mains jointes. Mon Dieu ! venez à mon aide !

Et, brisé d'émotion, le Chevalier tomba à genoux, en versant d'abondantes larmes.

Vers la fin de la journée, Dunstan fut soudainement tiré de sa profonde méditation par le grincement d'une clef dans la serrure. La porte s'ouvrit : plusieurs gardes nationaux, en armes, pénétrèrent dans la cellule. L'un d'eux dit au prisonnier :

— Suivez-nous, capitaine; nous avons l'ordre de vous conduire au tribunal.

Dunstan obéit, sans prononcer une parole et suivit l'escorte.

On arriva à la salle des audiences.

Ce prétoire était plutôt le temple de Bacchus que celui de Thémis. Six chaises de bois, un bureau, ou, pour être plus exact, une planche posée sur des tréteaux, deux tables boiteuses, quelques escabeaux, et un banc destiné aux prévenus, composaient le mobilier, d'une simplicité toute spartiate. D'épais nuages de fumée, d'âcres odeurs de vin, d'ail et de tabac alourdissaient l'atmosphère; un quinquet phthisique projetait sa lueur incertaine et vacillante.

L'aréopage était digne du prétoire.

Le président se signalait par un chapeau de feutre noir, à haute forme, orné de plumes multicolores. Ses longs cheveux tombaient, en désordre, sur le collet graisseux de son habit; un gilet ouvert laissait apercevoir une chemise souillée de taches de vin et de sauce : évidemment le brouet noir de Lacédémone avait passé par là.

Le Minos démagogique était flanqué, à droite et à gauche, de deux assesseurs. Ces quatre personnages portaient la carmagnole et les indispensables attributs du civisme : tout, en eux, respirait le sans-culottisme le moins contestable, à l'exception pourtant de leurs nez, qui, rebelles à la patrie, se culottaient outrageusement. Chacun avait, pour éclairer sa conscience, un broc de vin, un verre et un pot rempli de tabac. Le greffier, à moitié ivre, assis près d'une petite table, fumait, sans désemparer. Enfin un septième comparse, placé à la droite du tribunal, avait retiré ses bottes, pour être plus à l'aise, et il dormait bruyamment, accoudé sur son bureau.

Comme on le voit, la salle d'audience offrait l'aspect d'une tabagie, d'un bouge enfumé ; elle eût peut-être tenté le pinceau d'un Téniers, si les figures des assistants avaient eu moins de férocité : mais ce n'était pas l'ébriété grossièrement joyeuse des kermesses flamandes, c'était l'ivresse qui pousse à la violence et à l'assassinat.

Lorsque Dunstan fit son entrée, le président nettoyait, avec la lame d'un couteau, l'intérieur de sa pipe; il interrompit cette sérieuse occupation, pour toiser le prisonnier des pieds à la tête; puis, prenant un dossier placé près de lui, il frappa, du poing, la table et cria d'une voix tonnante :

— Affaire du ci-devant capitaine Trévillers! Citoyen accusateur, la patrie réclame ton ministère.

Le dormeur se réveilla en sursaut, réintégra, non sans une extrême difficulté, ses jambes velues dans ses bottes, et se mit à regarder le prisonnier, d'un air sournois.

Alors un individu, d'apparence hybride, dont la tenue participait du soldat et du sans-culotte, armé d'un sabre, coiffé d'un bonnet rouge, s'approcha du capitaine, et lui intima l'ordre de s'asseoir sur le banc des prévenus.

Ensuite le prétendu greffier lut l'acte d'accusation, dressé d'ailleurs fort sommairement, et le déposa sur la table des juges. Cette première formalité remplie, le président procéda à l'interrogatoire de l'inculpé.

— Ex-capitaine, tu es accusé d'avoir trahi la Nation, en essayant de soustraire, à la juste fureur du Peuple, un scélérat, un allumeur de bûchers, un suppôt de l'Inquisition, un prêtre, pour tout dire!

Comme le prisonnier se renfermait, par dignité, dans un mutisme absolu, l'émule de Fouquier-Tinville reprit avec emphase :

— Tu ne peux donc pas te disculper de l'épouvantable accusation portée contre toi? Cependant la République est magnanime envers ses ennemis, elle leur accorde la permission de se défendre. Allons, parle, montre du moins ton repentir, en dénonçant tes infâmes complices... Au nom de la liberté, je te somme de parler!... Prends garde! ton silence est une insulte à la majesté de la justice nationale!

— Je n'ai point à répondre, dit enfin le capitaine, devant un tribunal, dont je récuse la compétence. J'en appelle à mes juges naturels : je suis soldat, par conséquent l'autorité militaire a, seule, le droit de me condamner ou de m'absoudre.

— Si je te comprends bien, tu as l'audace de nier la toute-puissance de ce tribunal. Tu invoques des priviléges, comme s'ils n'avaient pas disparu avec l'infâme régime de la tyrannie des Capet. Mais la Nation nous a délégués pour juger ses ennemis; nous ne faillirons pas à notre glorieuse mission.

— Je ne revendique point un privilége, mais un droit. J'appartiens à l'armée; j'ai eu l'honneur de combattre, dans ses rangs, pour repousser l'ennemi envahisseur de la France. Je suis donc justiciable du conseil de guerre.

En ce moment, plusieurs officiers de la garnison entraient dans la salle; ils entendirent cette réponse de leur camarade. Mais le président, s'étant levé aussitôt, signifia aux nouveaux venus l'ordre de sortir.

— Le sanctuaire sacré de la justice nationale, objecta-t-il, ne peut tolérer dans son sein des soldats armés. Glorieux défenseurs de la patrie, retirez-vous; n'entravez pas, par votre présence, la libre action de la loi.

— Citoyen président, répondit l'un d'eux, nous sommes ici sans armes; nous ne contrarierons en rien l'exercice de tes fonctions.

— Nous ne pourrions délibérer en paix, reprit le disciple de Gracchus Babeuf; nos arrêts ne doivent pas être rendus sous la pression de la force militaire. Rien de ce qui symbolise la violence ne doit pénétrer dans cet asile de la liberté, de l'égalité, de la fraternité! Vive la République ou la mort!

— Citoyen président, insinua l'officier en souriant de cette magnifique période, j'admire ta dialectique; tes arguments sont sans réplique : pourtant, j'en appelle à ta bienveillance : ne nous prive pas d'entendre l'arrêt, que ton éloquent patriotisme va bientôt dicter.

Ce compliment flatteur dissipa les scrupules du sévère président. Il ne vit plus, dans les officiers, des témoins dangereux, mais au contraire des partisans dévoués de la justice populaire. Reprenant alors son interrogatoire, il posa cette conclusion au capitaine :

— Accusé, tes réticences ont suffi pour jeter une vive lumière sur l'infamie de ta conduite : tu as voulu protéger un ennemi du Peuple; tu as failli compromettre le salut de la République. La cause est entendue; les débats sont clos.

Après ce lumineux résumé, le président consulta ses quatre acolytes, à voix basse et rapidement; puis, au bout d'un instant, il prononça son jugement dans les termes suivants :

« L'accusé, par ses aveux tacites, est convaincu
» d'avoir tenté de soustraire, à la juste vengeance
» des patriotes, un réfractaire, un suspect, en la
» personne de l'ex-prêtre P. Kleiner. Ce considéré,
» le tribunal condamne l'ex-capitaine Dunstan Tré-
» villers à la peine de mort. Le présent arrêt recevra
» son exécution dans les vingt-quatre heures. »

A cette époque de sinistre mémoire, on n'accordait jamais de sursis ; les malheureux condamnés ne pouvaient prétendre à la révision du jugement qui les frappait. En face d'une erreur, d'une injustice, il leur fallait se résigner : ils n'avaient plus d'autre espérance que d'obtenir, en subissant le martyre, une part de gloire dans un monde meilleur.

L'infortuné Dunstan fut aussitôt reconduit à la prison, et enfermé dans l'un des cachots destinés aux condamnés à mort. Il demanda au geôlier la permission d'écrire une lettre, pour adresser un dernier adieu à sa famille ; mais cette suprême faveur lui fut brutalement refusée.

CHAPITRE XIV

En ce temps d'indicible confusion, les généraux, les ministres, se succédaient rapidement. Comme tous les autres services de l'État, l'administration de la Guerre périclitait, en proie au plus grand désordre. L'incurie était navrante; les hommes de génie de la jeune République ne se pressaient pas « d'organiser la victoire ». Nos armées, dépourvues de ressources, venaient d'essuyer des revers cruels : leurs approvisionnements étaient anéantis. La responsabilité de ces désastres incomba naturellement au ministre. Pache, reconnu incapable, fut forcé de se retirer; on lui donna, pour successeur, le général Beurnonville.

Cette importante nouvelle parvint à Metz, le jour

même de la condamnation du Chevalier de Trévillers. L'occasion était excellente : les officiers résolurent d'en profiter, pour tenter une démarche collective auprès du nouveau ministre, en faveur de leur infortuné camarade.

Effectivement, le lendemain matin, l'état-major vint présenter à Beurnonville ses félicitations et ses regrets. On applaudissait sincèrement à sa nomination, car elle était la récompense de services signalés; mais on déplorait son départ qui privait l'armée d'un éminent stratégiste.

Quand la réception d'adieux fut terminée, un capitaine se détacha du groupe des officiers, s'avança vers Beurnonville et lui dit :

— Général, permettez-moi d'être, auprès de vous, l'interprète des sentiments de la garnison. Le ministre de la guerre daignerait-il signaler ses débuts au pouvoir, par un acte de clémence? Mes collègues vous demandent respectueusement d'intervenir en faveur du capitaine Trévillers, condamné à mort, dont l'exécution doit avoir lieu dans les vingt-quatre heures.

— J'aurais le véritable désir d'accueillir votre requête, mais je constate mon incompétence; je ne me reconnais pas le droit de m'opposer aux effets d'une procédure tout à fait en dehors de la justice militaire.

— Cependant, général, il s'agit d'un soldat, d'un officier ; Trévillers n'a jamais été dégradé légalement ; il appartient à l'armée, et, disons-le hautement, l'armée le réclame comme l'un de ses plus nobles enfants. Sans nul doute, un conseil de guerre réviserait l'arrêt dont il est iniquement frappé.

— Je dois m'incliner devant l'autorité de la chose jugée : il m'est interdit de protester contre les décisions de la justice civile.

— Rien n'est impossible à l'Ajax français [1], poursuivit habilement le capitaine, surtout quand il y va de l'honneur militaire.

— Mon successeur au commandement de l'armée arrive aujourd'hui ; pourquoi ne lui demanderiez-vous pas de prendre la responsabilité de la tentative ?

1. A cette époque où le culte du vrai Dieu était aboli, et où l'admiration pour les divinités de la Mythologie, pour les héros de l'Antiquité, était poussée jusqu'au ridicule, on surnommait Beurnonville « *l'Ajax français.* » Le populaire d'ailleurs ne se piquait pas d'une grande constance dans ses sympathies : après la défection de Dumouriez, le même Beurnonville devint « *un traître, un vendu, un émissaire de Cobourg,* » et sa tête fut mise à prix.

En dépit de la bravoure chevaleresque attribuée à Beurnonville, cette réponse évasive trahissait une circonspection, ou, disons le mot, une couardise qu'eût certainement désavouée le bouillant Ajax; elle accusait, en même temps, les sentiments de haine et de rancune qu'il conservait contre l'ami, contre le confident de Kellermann.

Les officiers se retirèrent, désolés du résultat infructueux de leur démarche. Un triste spectacle les attendait au dehors ; à peine descendus dans la rue, ils rencontrèrent le sinistre cortége, qui se dirigeait vers la place des exécutions. Ils reconnurent leur malheureux frère d'armes, debout sur le fatal tombereau. Une bande de forcenés, de mégères et d'enfants en haillons fermait la marche, en vociférant le lugubre « *Ça ira!* »

Parmi les officiers, les uns restaient comme frappés de stupeur; les autres, forcés de renoncer à l'espoir de sauver le condamné, versaient des larmes de rage, en maudissant leur impuissance.

— Mes amis, s'écria tout à coup un chef d'escadron, rendez-vous tous au pied de l'échafaud; unissez vos efforts pour retarder l'exécution, de quelques minutes; je vais revoir le ministre, il ne pourra pas se refuser à accorder au moins un sursis.

Et, sans perdre un instant, pendant que ses compagnons suivent ses instructions, il revient à la résidence du général. Il se présente à l'aide de camp de service.

— Camarade, lui dit-il, j'ai besoin d'une audience immédiate, il s'agit d'une affaire urgente ; veuillez me faire annoncer.

— Impossible, commandant ; le ministre a défendu sa porte : j'ai l'ordre formel de n'introduire personne : au surplus, le moment de son départ approche. L'ordre d'atteler a été donné : il va monter en chaise de poste.

— Mais la vie d'un homme est en jeu ! Au nom de l'humanité, laissez-moi entrer.

— Vous oubliez la discipline, commandant. Je suis esclave de ma consigne ; n'insistez pas. D'ailleurs, tenez, il est trop tard : écoutez ! entendez-vous le fouet du postillon, le roulement de la voiture ? Le ministre est parti.

— Ainsi ! s'écria douloureusement le chef d'escadron, tout espoir est désormais perdu ! Il n'est plus de recours, pour obtenir justice.

— Mais, commandant, pourquoi ne vous adressez-vous pas au nouveau général en chef ? Il est arrivé hier soir.

— En êtes-vous bien sûr ? savez-vous où je pourrais le trouver ?

— Parfaitement : il est descendu chez le général Gérard.

— A la citadelle ! si loin d'ici ! hélas ! pour m'y rendre et pour revenir à la place de l'Esplanade, en admettant même que j'obtienne un ordre de sursis, il me faut près de trois quarts d'heure ! Ah ! jamais je n'arriverai à temps.

Quoique convaincu par avance de l'inutilité de ses efforts, le commandant, afin de n'avoir aucun reproche à s'adresser, se dirige en toute hâte vers la citadelle ; il marche, il court à perdre haleine, sans s'inquiéter s'il coudoie, s'il renverse les passants qu'il rencontre sur son chemin.

Mais, au milieu de sa course, force lui est de s'arrêter : une grande foule débouchait de la place aux exécutions, se dispersant dans toutes les directions, comme à la fin d'une cérémonie ou à la sortie d'un spectacle public........

Le commandant demeure consterné. Plus de doute ! il est trop tard !... Bientôt il voit défiler devant lui les groupes d'hommes déguenillés et de hideuses sorcières, qui, tout à l'heure, suivaient la funèbre charrette ; et, comme tout à l'heure, il entend les mèmes voix répéter le sinistre « *Ça ira!* »

— Allons, se dit le malheureux commandant, tout est fini !

Et, essuyant son front baigné de sueur, il regagne son logis, le cœur plein de tristesse.

Il nous faut, pour expliquer les événements de cette épouvantable journée, revenir un peu en arrière, et suivre Marcellin Goudron dans ses courageuses pérégrinations.

Le pauvre paysan Franc-Comtois était enfin parvenu à rejoindre Kellermann dans la ville de Chambéry. Le général allait partir pour Nice, où devait se combiner le plan de campagne contre la Sardaigne et l'armée autrichienne.

Bien que l'égalité fût alors en pleine floraison, il était tout aussi difficile qu'aujourd'hui à un pauvre hère d'aborder un haut dignitaire de l'armée. Il fallait, comme à présent, être chamarré de galons ou porter panaches, pour avoir accès près des traîneurs de sabres. Mais Goudron ne se laissait jamais prendre au dépourvu : il avait mille et une ressources dans son sac. A force de persévérance et d'adresse, il parvint à l'antichambre du général; cette première enceinte une fois franchie, il se donna carrément pour un messager chargé d'une mission confidentielle.

— Allons donc ! lui répondit un lieutenant, tu rêves, mon bonhomme.

— Nenni, vous dis-je ; tenez, cette lettre-là fera tressauter de joie M'sieur le général chef.

— Donne-la-moi, je m'en charge.

— Ah bien ! oui, je ne vous connais point.

— Alors, laisse nous en paix ; va-t-en au diable !

— Si vous étiez diable, vous, et si vous étiez bon, vous seriez un bon diable, vous m'aideriez à remettre la lettre du fieu au papa.

— Quel fieu ? Explique-toi ?

— Le fieu, pardine ! c'est l'héritier du papa.

— Le papa ? mais où est-il ?

— Dame ! il met sa tète sous le chapeau de M'sieur Kellermann.

— Ainsi cette lettre...

— N'est pas pour vous, M'sieur, et, comme vous m'ôtez le moyen de la porter à son adresse, je vais la rendre au fieu. Nous rirons peut-être ensuite un petit brin ; mais, à force de rire, on pleure un tantinet. Bien le bonjour, M'sieur.

— Attendez un instant, dit à son tour un autre officier.

Et, s'adressant à son camarade :

— Cela peut être sérieux, lui dit-il; il ne faut pas
s'exposer, de gaieté de cœur, à une méprise regret-
table. Croyez-moi, faites annoncer ce messager.

Après un moment d'attente, Goudron fut en effet
introduit près de Kellermann.

— Général, dit-il aussitôt, voici une dépêche
dont on m'a chargé pour vous, pour vous seul.

Kellermann parut fort troublé, en lisant la lettre
de Dunstan; quand il arriva au passage, où les indignes procédés de Beurnonville lui étaient signalés,
il ne put maîtriser un moment de colère, puis, en
même temps, la plus vive inquiétude se peignit sur
ses traits.

— Brave homme, dit-il au fermier, tu possèdes, je
le vois, la confiance du capitaine Trévillers; je vais
te remettre une lettre pour le général Beurnonville :
ne perds pas une minute; voyage, jour et nuit; le
temps est précieux.

Kellermann se mit à écrire : Goudron suivait, de
l'œil, tous les mouvements de son illustre interlocu-
teur. Il regardait la plume courir sur le papier;
quand il la vit tracer la signature, il s'approcha, et,
recroquevillant dans ses mains son chapeau, pour se
donner une contenance :

12

— Excusez-moi, dit-il, mon général, je ne sais pas ce qui me pousse à vous demander cela, mais vous écrivez si bien! c'est merveille de vous voir! je vous supplierais d'écrire une autre lettre : vous ne mettriez point de nom sur l'adresse de celle-là; ce serait pour Pierre ou pour Paul, pour le général en chef enfin; car si Monsieur Beurnonville n'était plus à Metz, quand j'y arriverai? Il y a huit jours, dans la ville, on parlait beaucoup de son prochain départ pour le Rhin.

— Tu as raison, répondit Kellermann en considérant Goudron avec surprise, tu es intelligent. Au surplus, si cette dernière lettre était inutile, tu la donnerais au capitaine Dunstan.

Nanti des précieuses dépêches, Marcellin se remit en route; il fit une diligence incroyable, mais il ne put, malgré tout, arriver à Metz que la veille du jour où Dunstan devait être exécuté, et à la nuit tombante.

La nouvelle du remplacement de Beurnonville venait de se répandre dans Metz : on annonçait, en même temps, l'arrivée de Lignéville, son successeur.

Goudron était plein d'hésitation sur la conduite à tenir; connaissant le mauvais vouloir de Beurnonville, il crut plus prudent de s'adresser d'abord au nouveau général en chef. Mais, en dépit de toutes les ressources de son intelligence, il ne réussit pas à accomplir son projet, dès le soir même.

Le lendemain, aux premières lueurs du jour, l'infatigable villageois était déjà sur pied. Comme il trottait par les rues, il vit un certain mouvement populaire; inquiet, il s'informe, et son corps se glace de terreur; on lui apprend une horrible nouvelle : l'échafaud se dressait, le sang allait couler; l'exécution de Dunstan était imminente.

Éperdu, le pauvre Marcellin arrive à la citadelle, trompe le planton, à l'aide du premier prétexte venu : » il allait, disait-il, prévenir le commandant, de l'arrivée d'un convoi de fourrage qu'il ne savait où déposer. » Puis il demande qu'on lui indique l'appartement du général Gérard : il s'y rend hardiment. Goudron ne connaît plus d'obstacles. Les sentinelles d'honneur, voyant un homme qui tient à la main deux dépêches, le laissent gravir l'escalier; il arrive au premier étage, et, guidé par son instinct, il s'arrête devant une belle et grande porte : là devait habiter le général.

Il sonne; un domestique vient ouvrir. Devançant toute question, Goudron s'écrie sans hésiter :

— Le citoyen Lignéville?

— Il n'est pas visible.

— Ah ! mon Dieu ! il n'y a cependant pas un moment à perdre ; j'ai marché tout d'une traite, envoyé par le général Kellermann ; voici sa dépêche, il m'a recommandé de la remettre en mains propres, à n'importe quelle heure du jour ou de la nuit. Il s'agit, paraît-il, d'une affaire de la plus haute importance.

— Diable ! dit le valet de chambre en ouvrant de grands yeux, je suis fort embarrassé... mon maître repose encore ; je ne sais si je dois...

— Je prends tout sur moi ; on me fusillera, si l'on veut, ça m'est égal ; mais, au nom de la République, laissez-moi entrer.

— Attendez un moment, je vais voir s'il est éveillé.

Deux minutes après, le domestique reparut et introduisit le messager.

— Pardon, général, dit Goudron d'une voix tremblante, voici une dépêche bien pressée de Monsieur Kellermann...

— De Kellermann ? ne te trompes-tu pas ?

— Non, si vous êtes bien le nouveau général en chef.

— Sans doute. Donne-la-moi, et voyons.

Lignéville ouvrit la lettre et en prit connaissance. Marcellin attendait : les minutes étaient des siècles pour lui ; son anxiété devenait inexprimable ; il se demandait s'il ne devait pas faire usage de la dépêche adressée à Beurnonville ; mais, après réflexion, il la tint en réserve comme sa dernière ressource.

Lignéville s'était dressé sur son chevet ; il semblait réfléchir ; son silence n'annonçait pas une réponse favorable.

— Belle commission, ma foi ! dit-il enfin. La requête ne me concerne pas ; elle regarde Beurnonville.

Goudron n'y tint plus, et, fondant en larmes, il s'écria, d'une voix entrecoupée par des sanglots :

— Ah ! mon général, sauvez, sauvez le cher enfant ! Si vous saviez comme il a grand cœur, comme il est brave, comme il a fière mine devant l'ennemi ! Faut-il donc qu'il meure, pour avoir montré trop de générosité ?

— Sa grâce dépend de Beurnonville.

— Mais Monsieur Beurnonville est l'ennemi de Monsieur Kellermann ! Vous ne le savez donc pas, mon bon général ! tenez, j'ai une lettre pour lui : vous allez la lire.

12.

Et Goudron, en achevant ces mots, brisa le cachet et laissa tomber l'enveloppe.

— Malheureux! que fais-tu? tu oses violer le secret d'un message!

— Ah! dût-il m'en coûter la tête, j'accomplirai mon devoir jusqu'au bout; je sauverai un innocent. La lettre est décachetée, je vous supplie d'en prendre connaissance; si vous refusez, je vous la lirai moi-même.

L'émotion du paysan était trop profonde, trop vraie pour n'être pas contagieuse. Lignéville fut touché d'un tel dévouement. Il prit la dépêche et la parcourut, d'abord sans y donner une grande attention; mais, en poursuivant sa lecture, il comprit les motifs de l'intérêt que Kellermann portait au prisonnier. Il n'hésita plus alors; il se leva précipitamment, et, en s'habillant, il répétait :

— Non! certes je ne me pardonnerais pas d'abandonner ce jeune homme!... Dis-moi, mon brave, le capitaine est donc jugé?

— Hélas! oui, mon digne général, il est jugé, ou plutôt il est condamné. Dans une heure, on le guillotinera, si vous ne le sauvez pas!

— Comment? dans une heure? Mais alors, il n'y a pas un instant à perdre.

Lignéville tira vivement le cordon d'une sonnette. Le valet de chambre parut.

— Claude, commanda le général, prévenez l'aide de camp de service de se tenir prêt à monter à cheval ; qu'il vienne prendre mes ordres, dans cinq minutes. Allez !

Il se mit aussitôt à écrire une requête au président du tribunal révolutionnaire. C'était, à vrai dire, une injonction énergique. Non-seulement Lignéville exigeait un sursis à l'exécution, mais il réclamait le prisonnier ; il ordonnait qu'il fût remis à la force militaire, pour être conduit dans une prison de la citadelle, où il attendrait sa comparution devant un conseil de guerre.

— Quant à toi, dit-il ensuite brusquement à Goudron, toi, tu m'as l'air d'un honnête homme : ce n'est pas peu de chose, par le temps qui court. Prends ce papier, c'est un mot, signé de moi, qui te permettra de visiter, à toute heure, le capitaine.

Le paysan, suffoqué par l'émotion, se contenta de tomber à genoux aux pieds du général, et, lui saisissant les mains, il les arrosa de ses larmes.

— Corbleu ! s'écria Lignéville que l'émotion gagnait de plus en plus, tiens, laisse-moi, tu serais capable de me faire pleurer à mon tour. Pour te remercier de m'avoir fait collaborer à ta bonne action, je vais t'offrir une poignée de main : je n'en donne pas à tout le monde, morbleu ! Quant au petit capitaine, sois tranquille, il ne lui arrivera rien de fâcheux, j'en réponds.

En ce moment, l'aide de camp se présenta : le général lui donna ses instructions.

— Allez, dit-il en terminant, enjoignez au chef du troisième escadron d'employer même la force, s'il en est besoin, pour exécuter mes ordres.

Le brave Goudron se retira, ivre de joie ; il courut, à toutes jambes, vers la place de l'Esplanade.

La guillotine montrait son hideux squelette : ses deux bras rouges tenaient suspendu le couperet, qui étincelait aux rayons du soleil. Une foule immonde entourait l'instrument du supplice.

Marcellin ne respirait plus : il voyait, au fond de la place, le tombereau s'avancer ; chaque tour de roue rapprochait la victime de l'échafaud. Une horrible crainte traversa l'esprit du pauvre homme : l'ordre du sursis n'arriverait-il pas trop tard ?

Des chants sinistres se firent entendre. Le condamné, pâle, mais calme et résigné, allait monter les marches fatales...

Goudron faillit s'évanouir, quand tout à coup la

foule s'écarta : un escadron de hussards débouchait, le sabre au poing, et venait cerner l'échafaud. Le commandant remit un ordre au greffier, qui accompagnait le condamné ; puis, bientôt après, les soldats ouvrirent leurs rangs, pour y laisser entrer le capitaine, et le cortége militaire reprit le chemin de la citadelle.

Dunstan était sauvé.

CHAPITRE XV

Muni de l'autorisation du général en chef, Goudron arriva à la citadelle, au moment même où Dunstan franchissait le seuil de sa nouvelle prison.

Le brave paysan, dans sa hâte de revoir le fils de son ancien seigneur, tenait à la main le précieux laissez-passer. Il se présenta hardiment à la geôle ; on n'éleva d'ailleurs aucune difficulté : il fut introduit sans retard auprès du capitaine.

— Enfin, Dieu soit loué ! s'écria-t-il, vous voilà sauvé, Monsieur Dunstan.

— Oui, mon ami, et, j'en ai la parfaite conviction, tu n'as pas été étranger à ce miracle.

— Il ne s'agit pas de moi ! C'est le bon Dieu qui a tout fait, et le digne Monsieur Kellermann après lui.

— Oui, mais, sans toi, la protection du général eût été stérile. Allons, mon ami, fais-moi bien vite part de tes aventures.

Marcellin s'assit vis-à-vis du prisonnier : il raconta en détail son voyage à Chambéry, son retour à Metz et son entrevue avec le général Lignéville.

Dunstan resta longtemps pensif : ce n'était plus le railleur, l'incrédule d'autrefois. Comme l'apôtre Paul sur le chemin de Damas, il avait été naguère soudainement ébloui par la lumière divine; et maintenant, peu à peu, le soleil de la vérité le pénétrait d'une chaleur bienfaisante.

— Tiens, mon cher Goudron, dit-il enfin, plus je réfléchis à tous ces événements, plus j'observe avec attention leur enchaînement, et plus je reconnais l'intervention céleste. Le doigt de Dieu a tout conduit. Oh! le saint abbé Kleiner a fidèlement tenu sa promesse. Il m'avait dit : « Je prierai pour le salut de votre âme. » Ses vœux ont été exaucés! Quel service il m'a rendu! Et toi, mon véritable ami, tu m'as montré le dévouement, l'abnégation dont est capable un cœur qui obéit aux inspirations de la charité chrétienne!

— Eh! Monsieur Dunstan, je n'ai point droit à tant d'éloges; vous me faites trop bonne mesure, morgué! Si autrefois vous m'aviez vu dans la peine, ne m'auriez-vous pas secouru? Et puis, d'ailleurs, la pensée d'être utile à Mesdames Descerniers me donnait du courage. Ah! quand j'ai vu leur chagrin à la nouvelle de votre arrestation, dame! je me suis senti taquiné. Et notre pauvre damoiselle, comme elle pleurait! On ne résiste pas à cette vue-là.

— Tu dis ...

— Eh! oui, elle pleurait, et tout de bon! Ça ne l'empêchait pas de prier, par exemple : je la vois encore, agenouillée, les mains jointes, demandant au bon Dieu votre délivrance! Ah! ça me fendait l'âme! J'étais là à pleurer comme une bête! Puis, je me suis dit : Il ne suffit pas de larmoyer, Goudron, tu sais maintenant ce qu'il te reste à faire. Va-t-en, mon bonhomme : si tu te reposais avant de les avoir sauvés tous, ta conscience te mépriserait. Et, ma fine, je suis parti!

— Mon bon Marcellin, j'aurais encore besoin de ton obligeance, mais, en vérité, je n'ose pas y avoir recours : tu dois être harassé de fatigue. Sans cela, je t'aurais prié de retourner promptement à Trévillers et je t'aurais confié deux lettres : l'une pour Madame Descerniers, l'autre pour ma mère.

— Ah! vous avez là une fière idée, Monsieur

13

Dunstan. Jamais je ne me suis trouvé si dispos; je ne marcherais pas mieux, si j'avais les bottes du Petit Poucet. Écrivez; je reviendrai tantôt, et ce soir, je reprendrai mon bâton de voyage.

Dunstan demanda du papier, des plumes, de l'encre et se mit aussitôt à l'œuvre. La lettre destinée à Mme Descerniers était conçue en ces termes :

« Madame,

» Je ne puis laisser partir notre ami sans » profiter de son entremise, pour vous adresser » ces lignes, comme un faible, mais sincère témoi- » gnage de ma gratitude. Marcellin vous racon- » tera les événements qui m'avaient conduit au pied » de l'échafaud; il vous dira ma miraculeuse déli- » vrance.

» Je ne saurais vous exprimer l'émotion, que fait » naître en moi le bienveillant intérêt dont vous » me jugez digne. Vos prières m'ont suivi dans les » périls que j'ai traversés! Vous avez imploré la » miséricorde divine, et elle s'est étendue sur moi. » Un saint prêtre, un martyr, m'a révélé les vérités » éternelles : j'ai maintenant un protecteur dans » le Ciel.

» Si je recouvre ma liberté, je reprendrai la car-

» rière des armes. L'avenir me garde peut-être de
» nouvelles épreuves; quoi qu'il arrive, je resterai
» fidèle à Dieu jusqu'à mon dernier jour. Je ré-
» parerai les erreurs de mon passé; tous mes efforts
» tendront à mériter le pardon de celle que je n'ose
» nommer. Oh! j'ai méconnu jadis les conseils de
» sa piété, j'ai froissé ses convictions les plus chères :
» je suis cruellement puni de mon aveuglement.
» Dites-lui, du moins, Madame, que maintenant je
» sers son Dieu avec la même foi, avec le même
» amour qu'aux heures bénies de notre enfance.

» Permettez-moi, Madame, de vous offrir l'hom-
» mage de mon profond respect.

DUNSTAN. »

Dans la lettre qu'il écrivit à ses parents, le Chevalier s'excusait de les avoir laissés si longtemps
sans nouvelles : la crainte de trahir le secret de
leur retraite l'avait retenu. Après une longue relation de ce qui lui était arrivé depuis son départ
de Vevay, il leur annonçait sa résolution de reprendre du service, si le nouveau général lui permettait d'aller rejoindre Kellermann. Ensuite il leur
exposait simplement, en peu de mots, son retour
aux véritables croyances.

« Peut-être, disait-il en finissant, les circon-
» stances me permettront-elles d'aller vous sur-
» prendre, un jour, à Vevay. C'est mon souhait le
» plus ardent. »

Goudron revint, dans la soirée, prendre la correspondance du prisonnier, puis il se mit en route
pour la Franche-Comté, très-persuadé de la prochaine délivrance de Dunstan.

Il était alors difficile d'aller d'un village à un
autre, sans être questionné par les émissaires du
Comité de Salut public, par les autorités munici-
pales, ou même par des gens du peuple. Le voyageur était observé : une soupçonneuse inquisition
cherchait à pénétrer la cause et le but d'une simple
course. Mais, sous ses habits de paysan, Goudron
n'éveillait pas les défiances ; d'ailleurs il n'était pas
homme à se laisser intimider, ni surprendre ; il présentait à chaque réquisition, le fameux passe-port
où son civisme, son jacobinisme, son sans-culottisme, toutes ses hautes vertus républicaines étaient
attestées en termes pompeux et magnifiques, et
garanties par le paraphe majestueux du citoyen
Arnoux.

Il parvint enfin, sans encombre, au terme de son
voyage. Il arriva à Trévillers, par une triste soirée

du mois de Mars. Il fut fort étonné de ne pas rencontrer sa femme au logis : on lui apprit qu'elle était à La Chesnaie, pour soigner Mlle Christine, malade et alitée depuis l'arrestation de sa mère; car la pauvre veuve avait été incarcérée comme suspecte de royalisme.

La pluie tombait à torrents; le vent mugissait. La mort dans l'âme, Goudron doubla le pas, il atteignit la Chesnaie. En pénétrant dans la chambre de sa jeune maîtresse, il trouva sa femme veillant au chevet de la malade. Il s'arrêta, muet de douleur, les yeux fixés sur le visage pâle et amaigri de Mlle Descerniers.

Malgré la joie qu'elle éprouvait de revoir son mari, l'excellente femme eut assez de présence d'esprit pour inviter, par un geste, le fermier à s'asseoir sans bruit à côté d'elle. Mais Christine, légèrement assoupie, avait entendu les pas; promenant autour de son lit ses regards éteints, elle aperçut Goudron.

— Ah! Dieu soit loué, murmura-t-elle, c'est vous, Marcellin? Oh! je suis heureuse de vous revoir! Vous sauverez ma pauvre mère, n'est-ce pas? Vous êtes resté bien longtemps à Metz?...

— D'abord. notre chère damoiselle, répondit

Goudron en s'essuyant les yeux, tout va bien, tout va admirablement bien! Madame votre maman vous sera bientôt rendue : j'en réponds, ne vous tracassez point, c'est mon affaire. Maintenant, je vous en prie, ne parlez plus, votre voix est si faible!

Puis Goudron, se retournant vers sa femme, lui dit :

— Et le médecin, qu'a-t-il prescrit?

— Mademoiselle n'a pas voulu le quérir; elle ne veut rien prendre; elle mange à peine!

— Grand Dieu! mais ne pas manger, c'est se laisser mourir! Quand je suis mal en train, un fin morceau de lard, arrosé d'un verre de vieux vin, me remet sur pied. Femme, cours bien vite tordre le col à une poule, fais un bon bouillon...

Et comme la jeune fille semblait indifférente à ces prescriptions hygiéniques, le pauvre Goudron, à bout de subterfuges oratoires, ajouta, d'une voix mal assurée :

— Et puis, notre damoiselle, si vous ne voulez pas vous réconforter, je tomberai certainement malade, moi aussi, je me mettrai au lit, et alors, ma foi! il me sera impossible de sortir pour l'affaire de notre bonne dame. Ah! quand je vous faisais sauter sur mes genoux, bien pétiote, bien mignonne, vous ne

refusiez jamais d'accepter un morceau de galette;
aujourd'hui, vous ne me refuserez pas de prendre
une tasse de bouillon?

— Eh bien! mon ami, je suivrai vos bons conseils.
Mais pourquoi votre absence a-t-elle été d'aussi
longue durée?

— Ah dame! j'ai vu beaucoup de pays! Mais baste,
quand on réussit, ma foi! la fatigue s'oublie très-
vite. J'ai bien des compliments à vous faire, Mademoiselle Christine; on prie le bon Dieu pour vous,
là-bas, à Metz, en Lorraine. Vous lirez tout ça dans
une lettre, que j'ai apportée pour Madame votre
maman.

— Vous avez une lettre? Montrez-la-moi.

— La voici. Demain, votre maman vous en dira
le contenu.

— Oh! mon bon Marcellin, si vous pouvez sauver
ma bonne mère, quelle reconnaissance je vous de-
vrai!

— Oui, notre damoiselle, vous la reverrez bientôt.
Je cours manger un morceau, pour apaiser ma faim,
puis, sans perdre de temps, j'irai trouver le citoyen
Arnoux. Je reviendrai, dans une petite heure, vous
apporter des nouvelles.

Goudron s'en alla, et prit à peine le temps de satisfaire son appétit de voyageur : un quart d'heure après, il était déjà devant l'habitation du premier magistrat de Trévillers.

La pluie avait cessé; le vent soufflait en tempête.

Marcellin souleva le heurtoir : comme il ne recevait pas de réponse, le bruit s'étant perdu sans doute dans le hurlement de la rafale, il poussa la porte.

Le farouche démagogue n'était pas encore couché. Il écrivait, assis près d'une petite table.

En voyant apparaître, tout à coup, sur le seuil, notre voyageur, le bâton à la main, les guêtres souillées de boue, la figure amaigrie par les soucis et la fatigue, Arnoux crut avoir, devant lui, le fantôme menaçant du fermier, car depuis longtemps il pensait que le malheureux Goudron avait été arrêté et exécuté.

Frappé de terreur, il le considérait de ses yeux démesurément ouverts : la plume tremblait entre ses doigts. Il ne trouva pas la force de se lever : la peur le clouait sur sa chaise.

Goudron s'avança et lui dit froidement :

— Oui, c'est moi, Marcellin, le beau-frère à Josillon. Vous m'avez cru guillotiné, pas vrai? Vous

le serez, avant moi, modèle des sans-culottes! Oui,
foi de chrétien! votre vilaine âme de Jacobin ne tardera pas à rejoindre, en enfer, celle de Judas, votre
digne patron. Ah! parce que vous me supposiez dé-
funt, vous méditiez d'assassiner une pauvre veuve et
de faire mourir de chagrin sa faible petite. Ce sont là
vos exploits, maître Arnoux! Si les bras de la sainte
guillotine, comme vous dites, ne sont pas assez
longs pour vous atteindre, votre carcasse fera connaissance avec l'épée du Chevalier Dunstan. Il
viendra bientôt, avec ses épaulettes d'or; car je l'ai
vu, moi; oui, il viendra, puissant et terrible, régler
vos comptes.

— Mon cher gentil petit Marcellin! Comment
c'est toi? Ton absence prolongée m'inquiétait
beaucoup, va! Ah! que je suis donc aise de te revoir!

Puis, se remettant peu-à-peu, il ajouta :

— Tu as tort, mon bon ami, de me tenir tous ces
vilains propos.

— Trêve de paroles inutiles! Où est Madame Descerniers?

— En prison, paraît-il.....

— Où est-elle? Si vous ne répondez pas net et
sec, avant peu vous le regretterez.

— Eh bien! on prétend qu'elle est incarcérée au district, à Doubs-Marat[1].

— A la bonne heure! Maintenant, ouvrez l'oreille, citoyen Arnoux, et faites profit de mes paroles. Si demain Madame Descerniers n'est pas rentrée à son domicile, après-demain matin, mon beau-frère Josillon sera sur la route de Berne, muni de vos belles pages d'écriture. Vous comprenez, pas vrai?... Si cette ressource ne me suffit pas, je compte sur l'épée de Monsieur Dunstan; elle sera aussi expéditive que la guillotine. Bonne nuit, M'sieur le magistrat! ne faites pas de mauvais rêves.

— Mon excellent ami, écoute-moi donc un petit peu...

Mais Goudron ne voulut plus rien entendre; il s'éloignait, à grands pas. De retour à la Chesnaie, il dit gaiement à la malade :

1. Dans sa haine de toute supériorité divine et humaine, la Convention frappa d'ostracisme l'ancien calendrier. Les saints « *ces aristocrates du Ciel* » devinrent des suspects; on les proscrivit de la mémoire des hommes et on substitua, à leurs noms, ceux des idoles du jour. La petite ville de Saint-Hippolyte fut alors débaptisée. A raison de sa position sur la rivière du Doubs, et en souvenir du féroce Marat, on l'appela « *Doubs-Marat* ». La réunion de ces deux mots donnait lieu à un mauvais jeu de mots, fort goûté des sans-culottes, et qui n'était, pour les honnêtes gens, qu'une cruelle antiphrase.

— Tout va bien, notre damoiselle; je viens de voir le citoyen dénonciateur. Je vous garantis que, au premier chant du coq, il sera prêt à partir pour Saint-Hippolyte; j'irai aussi, et, morgué! je ne reviendrai pas seul. Courage, chère damoiselle! sous peu, vous aurez de bonnes nouvelles!

Le lendemain, en effet, Goudron se dirigea vers le district, en suivant les sentiers abrupts qui viennent aboutir à la pittoresque petite ville de Saint-Hippolyte, située au confluent du Doubs et du Dessoubre. Ce bourg comptait alors tout au plus cent cinquante feux. Le fermier connaissait presque tous les habitants; il se rendit sur la place publique : c'était le forum où les désœuvrés, les politiques de l'endroit se communiquaient la chronique du jour, élaboraient des plans de campagne, discutaient les moyens infaillibles de sauver la patrie et de repousser l'invasion étrangère.

Marcellin aperçut le citoyen Arnoux, pérorant au milieu d'un groupe; il eut soin de s'en faire remarquer.

— Bon! se dit-il, le coup a porté.

Et, en homme de précaution, il alla demander à l'un de ses amis de lui prêter une petite carriole, pour s'en servir au besoin.

. Vers midi, Goudron rencontra, une seconde fois, le patriote Arnoux.

— Eh bien ! citoyen maire, lui dit-il en l'abordant, avons-nous du nouveau ?

— Ah ! te voilà, mon bon ami ? Certainement j'ai des nouvelles, et d'excellentes nouvelles à t'annoncer ! Grâce à mes efforts, à mes démarches, la citoyenne Descerniers va sortir de prison aujourd'hui même. Je me suis porté caution près du tribunal ; ah ! par exemple, je n'ai pas épargné ma peine, je te le jure !

— Je n'en doute pas, cher maire, je n'en doute pas : vous êtes si serviable ! Mais tout bon procédé mérite récompense : aussi j'ai hâte de reconduire Madame Descerniers à Trévillers, afin de pouvoir plus promptement donner contre-ordre à Josillon, vous savez, Josillon de Goumois ? Il ne tient pas en repos, il a toujours des démangeaisons de courir, et dame ! s'il allait prendre la route de Berne !...

— Attends-moi ici, mon petit Marcellin, je vais te ramener la citoyenne ; ça ne sera pas long.

En effet, le dévoué Arnoux revint bientôt après, avec Mme Descerniers.

La pauvre veuve pouvait à peine marcher, tant la souffrance l'avait abattue ! Mais la présence de Marcellin la remplit de joie : elle vint à lui, en s'efforçant de sourire.

— Ah! c'est vous, mon ami! lui dit-elle, je devine tout maintenant. Merci! merci! Et ma fille? Parlez-moi bien vite de ma fille!

— Mademoiselle Christine va bien. Dans deux heures, vous serez auprès d'elle.

Goudron se hâta de conduire la veuve à l'auberge, où il lui fit servir une petite collation, pendant qu'il courait atteler la voiture. Il ne tarda pas à revenir chercher Mme Descerniers, et enfin tous deux reprirent, au pas du cheval, le chemin de Trévillers.

Le moment était venu de révéler à la pauvre mère la maladie de sa fille.

Marcellin employa les plus grands ménagements et il arriva peu-à-peu, à force de précautions oratoires et d'attentions délicates, à prévenir les dangereux effets d'une trop vive inquiétude.

Malgré ses alarmes, Mme Descerniers ne songea tout d'abord qu'à jouir du bonheur d'une réunion si inattendue : elle consola, elle rassura sa chère enfant; et ces douces effusions de tendresse opérèrent la plus salutaire réaction sur la malade, dont les forces étaient bien plutôt épuisées par les angoisses morales que par la douleur physique.

La lettre de Dunstan fut lue et relue ; on en commenta longuement certains passages. Les cœurs alternaient alors entre la crainte et l'espérance. Sans doute le prisonnier avait miraculeusement échappé à de terribles dangers : mais ne fallait-il pas compter avec les menaçantes incertitudes de l'avenir ? Toutefois la conversion inespérée de Dunstan ranimait la confiance ; désormais le Chevalier était sous la garde de Dieu : cette pensée versait, sur le cœur de la malade, un baume rafraîchissant et réparateur.

CHAPITRE XVI

Cependant les heures de la captivité s'écoulaient tristement : depuis deux semaines, Dunstan méditait, dans sa nouvelle prison, essayant en vain de découvrir les motifs de l'abandou inexplicable dont il était l'objet.

Il reçut enfin la visite d'un lieutenant de son régiment. Son camarade le mit au courant de la situation : le tribunal révolutionnaire faisait d'énergiques efforts pour ressaisir sa proie ; mais, d'un autre côté, plusieurs officiers supérieurs avaient sollicité, de l'autorité militaire, la révision immédiate du jugement par un conseil de guerre.

Le lendemain, on vint chercher Dunstan pour le conduire devant le général Lignéville, déjà installé dans les appartements de Beurnonville, son prédécesseur. Le prisonnier avait obtenu la permission de revêtir son uniforme; cette faveur lui sembla un heureux présage, et lui rendit un peu de confiance.

On l'introduisit dans le cabinet de travail, où Lignéville, assis devant une table couverte de plans et de cartes, se livrait, avec deux généraux de brigade et trois colonels d'état-major, à des études de topographie et de stratégie.

Dunstan resta debout et silencieux, considérant la physionomie de celui qui allait décider de son sort : c'était un homme âgé de soixante ans environ, d'un aspect très-chétif, au front chargé de soucis ; ses yeux bleus, les lignes correctes de sa bouche, l'ensemble de son visage, dénotaient la bonté.

— Capitaine, dit Lignéville au prisonnier, vous me donnez un peu d'embarras. J'ai compulsé votre dossier; mais l'examen des pièces de la procédure ne me suffit pas : j'ai besoin de vous entendre. Exposez-moi donc la cause des poursuites dirigées contre vous ; ne me laissez rien ignorer ; parlez-moi militairement, avec la plus entière franchise.

— Général, je ne me suis jamais souillé d'un

mensonge; et ma gratitude, d'ailleurs, vous assure de ma loyauté.

Dunstan fit alors le récit de son aventure; il n'omit aucun détail, il ne dissimula même pas l'intention bien arrêtée qu'il avait eue de soustraire le vénérable abbé Kleiner à la fureur de ses ennemis.

— Hélas! ajouta-t-il en frémissant, je n'ai pas eu le bonheur de sauver ce digne vieillard : il est mort sur l'échafaud!

— Capitaine Trévillers, comptez sur moi. Il serait inique de vous infliger le moindre blâme. J'ai pris connaissance de vos états de service, ils sont remarquables : vous avez conquis vos grades à la pointe de votre épée; vos actions d'éclat ont été, plusieurs fois, citées à l'ordre du jour. Je vous le répète, comptez sur moi. L'autorité civile ne doit pas s'arroger le droit de juger un membre de l'armée; je ne souffrirai pas un tel abus de pouvoir. Le conseil de guerre révisera l'affaire; il annulera la sentence infamante prononcée contre vous.

— Général, répondit Dunstan, je remets mon sort entre vos mains; si, toutefois, les démarches, que vous allez tenter en ma faveur, demeurent infructueuses, si je dois mourir, épargnez-moi du moins un supplice ignominieux; comme dernière grâce, je revendique l'honneur de mourir en soldat.

Quelques jours après cette entrevue, on vint de nouveau chercher Dunstan ; cette fois, c'était pour le conduire dans la salle du conseil de guerre : il allait enfin comparaître devant ses juges naturels.

Un colonel occupait le fauteuil de la présidence ; il avait à ses côtés un chef d'escadron, un capitaine, un lieutenant et un sous-lieutenant.

L'audience fut déclarée ouverte, et on introduisit le prisonnier.

Le rapporteur prit la parole et donna lecture de l'acte d'accusation.

Cette formalité accomplie, le président procéda à l'interrogatoire. Les réponses franches et précises de l'accusé produisirent la meilleure impression et abrégèrent la longueur des débats ; le lieutenant, chargé de remplir le rôle du ministère public, se désista de son réquisitoire

Après une courte délibération, le conseil de guerre prononça son arrêt : à l'unanimité des voix, Dunstan Trévillers était acquitté et réintégré dans son grade de capitaine ; sa mise en liberté devait être immédiate.

Un grand nombre d'officiers s'empressèrent, à l'envi, autour de leur collègue, pour lui serrer la main et le féliciter. Mais un aide de camp, fendant cette foule affectueuse, s'approcha du jeune homme et le pria de se rendre sans retard auprès du général en chef.

Lignéville attendait Dunstan ; il lui dit aussitôt :

— Je ne doutais pas de votre acquittement, et je suis enchanté, mon cher capitaine, d'avoir pu vous être utile. Maintenant écoutez mes recommandations ; il serait dangereux pour vous de rester à Metz. Croyez-moi, quittez momentanément la France ; allez en Piémont retrouver l'armée de Kellermann ; votre grade vous sera conservé. Je vais donner des ordres : on vous délivrera une feuille de route pour vous mettre à l'abri de toutes recherches. Rappelez-moi au bon souvenir de Kellermann et présentez-lui mes meilleurs compliments.

— Ah ! mon général, laissez-moi vous renouveler l'expression de ma reconnaissance. Puissé-je avoir, un jour, l'occasion de vous prouver mon dévouement !

Dunstan fit en toute hâte ses préparatifs ; il retrouva son bon cheval qu'un de ses camarades lui avait conservé, et, dès le soir même, il se mit en route pour Nice.

La longue distance, qui sépare la ville lorraine du chef-lieu du département des Alpes-Maritimes, ne pouvait guère se franchir en moins de vingt étapes. Dunstan écrivit à Kellermann, pour lui demander la permission de reprendre du service sous ses ordres. Il reçut, à Avignon, une réponse favorable : le général lui promettait de l'incorporer dans son armée, avec le grade de capitaine; il ajoutait qu'il serait « très-heureux de revoir un ami. »

Enfin, trois semaines après son départ de Metz, Dunstan arrivait au quartier-général. Il se rendit immédiatement chez Kellermann; il fut accueilli à bras ouverts, comme un fils. Des larmes d'attendrissement s'échappèrent de ses yeux; il ne savait comment répondre aux questions bienveillantes, aux marques de sympathie dont le comblait son protecteur.

— Si je vous vois, mon pauvre capitaine, disait Kellermann, si je presse encore votre main loyale, c'est au brave Goudron que je dois ce bonheur. Ah! quelle honnête et franche nature! Quel cœur d'or! Quel génie du dévouement! Comme il met en pratique les préceptes humanitaires! Comme il réalise, sans effort, le type idéal de la fraternité conçu par la vraie philosophie!

— Oh! général, permettez-moi de vous détromper. Attribuer à une froide et stérile philosophie les vertus vraiment héroïques de mon cher et dévoué compatriote, ce serait les méconnaître. L'homme, dont vous voulez bien honorer le noble caractère, a obéi à des sentiments d'un ordre diamétralement opposé.

— Mon jeune ami, je vous écoute sans parvenir à vous comprendre.

— Eh bien! Goudron a puisé les principes de sa morale à une source autrement féconde : c'est dans le Catéchisme, expliqué par son curé, qu'il a appris la science sublime de l'abnégation. Enfin ce paysan est simplement un humble et véritable catholique. Autrefois je doutais; j'allais même plus loin, je niais; aujourd'hui je me rends à l'évidence.

— Ah çà! mon cher Trévillers, nous tombons dans le pathos. Vous, la fine fleur des beaux esprits, vous admettriez de pareilles billevesées?

Dunstan fut, de prime-abord, un peu décontenancé par cette attaque à brûle-pourpoint. Il avait à cœur d'affirmer sa foi, mais sa science n'égalait pas son zèle.

— Général, dit-il, je deviendrais indigne de votre bienveillance, si ma réponse dissimulait une arrière-pensée. Quand un homme a été, comme moi, traîné au pied de l'échafaud ; quand, avec l'aide de Dieu, il a vu la mort en face sans pâlir, il dédaigne singulièrement les calculs de l'intérêt personnel, il n'hésite pas à secouer le joug du respect humain. Oui, général, je crois en Dieu, en Jésus-Christ son fils, je suis catholique ! Si, un autre jour, quand les nécessités du moment vous laisseront plus de loisir, vous voulez bien m'écouter avec indulgence, je vous ferai connaître les terribles péripéties qui ont décidé de ma conversion.

Par un signe de tête, Kellermann acquiesça à la promesse du jeune capitaine. Il battit le briquet, ralluma sa pipe ; mais, au lieu de savourer avec méthode son plaisir favori, il lançait, distraitement et à des intervalles irréguliers, d'épaisses bouffées de fumée ; son front plissé accusait la préoccupation. Il reprit, après plusieurs minutes de silence :

— Parbleu ! vous réveillez en moi des souvenirs, qui dormaient depuis bien longtemps. L'existence nomade du soldat, le milieu philosophique où j'ai vécu, les déceptions morales, les vicissitudes de la destinée ont effacé les premières impressions de mon enfance. Notre malheureuse époque, d'ailleurs, n'est guère propice à la réflexion. Les événements se

succèdent avec une rapidité vertigineuse, les idées
sont perverties, la notion du bien et du mal disparaît, la force prime le droit, tout tremble, tout s'é-
croule, tout sombre autour de nous! Eh bien! oui,
nous reparlerons un jour de votre étrange aventure.
En attendant, songeons à la patrie! Lyon n'obéit plus
au pouvoir exécutif et refuse d'ouvrir ses portes.
La Convention veut réduire cette ville par la force.
Ah! les fieffés bavards! ils dédaignent le moindre
conseil. Le problème est pourtant facile à résoudre.
Les Lyonnais espèrent que l'étranger forcera la ligne
du Mont-Blanc et viendra les secourir. Il me ré-
pugne de saccager une ville et de verser le sang
français! Ne suffit-il pas d'arrêter les secours atten-
dus? « Nous prendrons Lyon à la frontière »; tel est
mon avis. Aussi, dans deux jours, mon cher ami,
nous quittons nos positions : nous allons chercher
les Autro-Sardes.

En effet, le surlendemain, l'armée des Alpes se
mit en marche. Elle comptait à peine quinze mille
hommes. Malgré son infériorité numérique, elle
devait, comme l'avait dit Kellermann, pénétrer au
cœur de la Savoie, pour empêcher l'armée sarde,
composée d'environ quarante-cinq mille soldats, de
secourir la malheureuse ville de Lyon.

La tâche était hérissée d'obstacles. Les montagnes à franchir, le mauvais état des chemins, nuisaient à la prompte concentration des divers régiments sur un point déterminé. Pour surcroît de difficultés, deux représentants du peuple en mission, sorte de proconsuls dépêchés par le Pouvoir éxécutif, pressaient, harcelaient Kellermann. Quoique incapables de comprendre la plus simple manœuvre, ils péroraient imperturbablement sur l'art militaire, discutant et contrecarrant les ordres du général.

Malgré tout, Kellermann réussit à s'emparer des principaux défilés; alors il s'avança, toujours en combattant, jusqu'au centre de la Savoie. Les troupes ennemies, mal commandées, exécutaient leurs mouvements avec trop de lenteur : refoulées ou contenues, elles n'osèrent pas s'aventurer dans les gorges, ni livrer une bataille sérieuse.

Dunstan se comporta, en plusieurs circonstances, comme un tacticien consommé; mais son courage surpassait encore son habileté. On l'envoyait toujours sur les points menacés; il s'acquittait des missions les plus périlleuses; pour tenter un coup énergique, il n'avait pas d'égal.

Un jour, l'un des deux représentants, infatué de

son importance, persuadé de l'inviolabilité de sa personne, et s'imaginant qu'il pouvait sans danger se rendre à Genève pour se mettre en communication avec les autorités suisses, se trouva tout à coup cerné par un fort parti de troupes sardes. Une estafette, dépêchée des avant-gardes, vint à franc étrier annoncer la nouvelle au poste le plus voisin. Le commandant ne pouvait dégarnir entièrement ses positions, ni interrompre, même momentanément, sur ce point de la frontière, la continuité de la ligne de défense. Il chargea donc Trévillers, qu'il considérait comme le meilleur capitaine de son escadron, de se porter au secours du délégué de la Convention.

Loin de s'apitoyer sur la fâcheuse situation du proconsul, Dunstan fut presque tenté de s'en réjouir; mais l'ordre était donné, il devait l'exécuter, en faisant abstraction de sa répugnance; il partit au galop. On arriva bientôt en vue du détachement ennemi, fort de quatre à cinq cents cavaliers, qui emmenait le prisonnier français.

Un coup d'œil suffit à Dunstan pour étudier le terrain. Il commande à son lieutenant d'opérer, avec une cinquantaine de dragons, une manœuvre tournante; puis, à la tête des cinquante autres, il fait sonner la charge en avant et s'élance à fond de train.

La colonne ennemie est attaquée de front et sur le flanc. L'impétuosité du choc épouvante les soldats sardes; ils se remettent cependant de leur première stupeur.

La mêlée s'engage furibonde et sans merci. L'horrible symphonie de la guerre se fait entendre : aux cris de rage, aux imprécations des blessés, au râle des mourants se mêlent le cliquetis sonore des lames d'acier et le hennissement des chevaux qui se cabrent, désarçonnant leurs cavaliers.

Enfin les malheureux Sardes, grandement décimés, se dispersent dans toutes les directions. Rien ne saurait plus conjurer la déroute. Après s'être vainement efforcé de les rallier, leur chef, navré de douleur, se retire lentement. Mais Dunstan, qui n'avait que ce dernier ennemi à combattre, lui coupe la retraite.

— Rendez-vous, commandant, s'écrie-t-il, ou mettez-vous en garde.

— Nous verrons bien tout à l'heure, répond l'officier en italien.

Le combat est de courte durée; à la première

passe, Dunstan désarme son adversaire, qu'il ramène captif au milieu de sa troupe.

Dans la lutte, Dunstan avait reçu plusieurs blessures, sans gravité d'ailleurs, mais qui lui faisaient perdre beaucoup de sang ; il était temps d'arriver aux ambulances.

Le représentant du peuple ne tarissait point ; il célébrait, avec force synonymes, le courage de son sauveur, il vantait « la vaillance, la bravoure, l'élan, l'intrépidité, la fougue, la valeur de ce fils de Bellone. » Suivant la mode pédantesque des hommes de la Révolution, il le comparait aux demi-dieux de de la Mythologie et à tous les héros de l'Antiquité : le capitaine Trévillers était tour à tour Ajax, Hector, Achille, Annibal, Marius, Brutus, Cincinnatus ou Scipion. Le tribun voyageur ajoutait modestement que la Convention voterait, comme récompense solennelle, une couronne civique pour le magnanime guerrier, dont l'héroïsme avait sauvé la République en la personne de l'un de ses plus illustres représentants. Dans son enthousiasme, il voulait absolument que son libérateur passât immédiatement au grade de général. Kellermann, si désireux qu'il fût lui-même de voir accorder une telle faveur à son jeune ami, dut faire comprendre au conventionnel qu'une pa-

reille infraction aux règles de l'avancement soulè-
verait les réclamations, sinon les murmures de
l'armée tout entière. Il fallut se contenter du rang
de colonel. Dunstan fut effectivement promu à ce
grade important, quinze jours après son brillant fait
d'armes.

CHAPITRE XVII

Le colonel Dunstan resta, près de deux mois, sur son lit de souffrance. Ses blessures ne présentaient pas de danger ; toutefois elles étaient nombreuses et une violente hémorragie les avait suivies. Vers la fin de Juillet, le malade entra en pleine convalescence ; les forces lui revinrent à vue d'œil. Déjà il se disposait à se mettre à la tête de son régiment ; mais Kellermann en décida autrement.

— Mon ami, lui dit-il, vous n'êtes pas en état de reprendre, dès maintenant, l'infernal train de la guerre : attendez votre complet rétablissement. Pourtant, si vous avez besoin de repos physique, votre activité demande un aliment. Or j'ai pensé à vous pour une mission délicate : il s'agit de négocier avec la Confédération Helvétique. Les Suisses montrent trop de partialité envers nos ennemis. Des approvisionnements de toute nature viennent, chaque jour, ravitailler l'armée sarde ; il faut donc, à tout prix, obtenir une neutralité absolue. J'en ai déjà référé au Pouvoir exécutif français ; sur ma proposition, on vous a choisi et nommé plénipotentiaire à Genève pour suivre les négociations ; de Genève, vous irez à Berne et dans les principaux Cantons ; puis, comme vous aurez des loisirs, vous en profiterez pour rendre visite à vos parents, à Vevay. A la rigueur même, rien ne vous empêchera de pousser jusqu'à Trévillers.

Dunstan fut sincèrement touché des intentions bienveillantes de Kellermann, qui voulait le soustraire, pour un temps, aux rudes fatigues de la guerre ; mais il refusa, de prime-abord, d'accepter des fonctions politiques.

La Terreur plongeait la France dans un abîme de sang ; le système d'extermination, loin de se ralentir, prenait, de jour en jour, d'effroyables proportions. Robespierre régnait, et, comme Tibère, il aurait désiré que son peuple n'eût qu'une tête, afin de pouvoir l'abattre d'un seul coup.

Dunstan se révoltait à la pensée de participer, en

qualité d'agent diplomatique, aux sinistres agissements de la République. Le jeune colonel exposa à Kellermann les motifs de son refus.

— D'ailleurs, ajouta-t-il, je n'ai nullement le désir de briser ma carrière militaire. La Patrie peut avoir besoin de toutes ses forces pour défendre la frontière. Avec mon épée, je sers la France; mais, dans la diplomatie, je servirais les bêtes féroces qui l'oppriment sous prétexte de la gouverner.

— Mon ami, vos scrupules sont exagérés : empêcher les Suisses de favoriser nos ennemis, c'est aussi servir notre armée. Suivez mes conseils, plus tard vous vous en féliciterez.

Après beaucoup d'hésitations, Dunstan finit par se rendre aux raisons du général. Muni de ses pouvoirs, il se mit en route, accompagné seulement d'un valet de chambre et du cocher qui menait sa chaise de poste. Il arriva sans encombre à Genève, où il s'établit dans le meilleur hôtel de la ville ; dès le lendemain, il commençait ses démarches diplomatiques.

Nous ne suivrons pas le jeune plénipotentiaire à travers ses négociations avec le gouvernement fédéral suisse. Quand Berne, Fribourg et Lucerne, les trois Cantons aristocratiques, acceptaient telle condition, Uri, Schwitz, Unterwalden, Zug, Glaris, Appenzell, les six Cantons démocratiques, la refusaient ; et, si l'on parvenait à mettre d'accord les dissidents, on se heurtait alors aux quatre autres Cantons mi-partis, aux pays sujets et aux pays alliés.

Pour obvier à ces difficultés toujours renaissantes, le colonel jugea à propos de se transporter à Berne, où, selon les apparences, l'esprit d'opposition avait son foyer.

Il partit de Genève, traversa Lausanne, sans s'arrêter, et atteignit Vevay, avant la fin du jour, ému et heureux de l'espoir d'embrasser ses parents.

Hélas ! cette attente fut cruellement déçue. Il ne devait plus revoir son vieux père. M. de Trévillers était mort depuis quinze jours ! Sa mère désolée venait de quitter Vevay ; on ne put même lui dire le lieu de sa retraite.

Dunstan apprit, d'un émigré français, quelques détails sur la fin de son malheureux père. Depuis plusieurs mois, les nouvelles de France, apportées journellement à Vevay par les papiers publics, ne laissaient plus guère aux proscrits l'espérance de rentrer dans leur patrie déchirée et sanglante. La vie triste et monotone de l'exil avait aggravé une maladie déjà ancienne ; et, loin de son pays, loin du tombeau séculaire de sa famille, le vieillard était mort, avec la douloureuse certitude que ses restes seraient ensevelis dans une terre étrangère.

Néanmoins, au milieu des angoisses qui abreuvaient le déclin de sa carrière, l'infortuné put recevoir la lettre que son fils lui avait envoyée de Metz ; cette consolation adoucit un peu l'amertume de ses derniers moments.

Dunstan voulait connaître la retraite où s'était réfugiée sa mère : il écrivit à Josillon, le beau-frère de Goudron, en lui demandant d'adresser sa réponse à Berne.

Il se rendit ensuite au cimetière, pour y prier sur la tombe, à peine fermée, de son père, et il resta longtemps agenouillé, arrosant la terre de ses larmes.

Malgré tant d'émotions douloureuses, le colonel partit immédiatement pour Berne, afin d'achever la mission qui lui était confiée.

En arrivant dans cette vieille ville, il commença aussitôt les négociations. La tâche fut malaisée : les Suisses, comme gouvernement, n'ont jamais souscrit, de gaieté de cœur, aux traités utiles à la France, à moins d'y trouver un profit réel se traduisant en espèces sonnantes. Mais le colonel n'était pas d'un caractère à se laisser *berner* facilement. Ayant épuisé tous les arguments diplomatiques, il donna à entendre que les armées françaises étaient bien trop rapprochées des frontières pour supporter plus longtemps les injustices. Ce dernier raisonnement fut compris à merveille, et Messieurs les Bernois acceptèrent la convention, après avoir obtenu toutefois, à titre d'indemnité, quelques centaines de mille francs en bon argent de France.

Comme il terminait la négociation, le colonel reçut la réponse de Josillon. Le brave homme annonçait que « Madame la Baronne était rentrée à » Trévillers depuis quinze jours, un peu souffrante, » tant à cause de son récent malheur que par suite » des tracasseries du maire Arnoux. Mais, ajoutait » Josillon, il ne faut pas s'inquiéter sur ce dernier » point : Goudron est là ; il empêchera bien les exi-» gences d'aller trop loin ; au besoin même il donnera » du fil à retordre à ce modèle des citoyens. »

Dunstan n'hésita pas ; aucun intérêt ne le retenait plus à Berne ; il partit, sans delai, pour Trévillers, en passant par Goumois, où il comptait déjeuner avec Josillon, le surlendemain, de bonne heure.

A son arrivée dans ce village frontière, où presque

toutes les habitations sont sur le territoire suisse,
le colonel fit remiser sa chaise de poste à l'unique
auberge, décorée de la qualification plus imposante
d'*Hôtel de l'Ours*. Il se retira dans une chambre et
commanda un déjeuner pour deux convives, puis il
envoya aussitôt prévenir Josillon.

Le bon paysan ne tarda pas à se présenter, et
grande fut sa surprise en reconnaissant « Monsieur
Dunstan » en superbe uniforme de colonel.

— C'est donc bien vrai, s'écria-t-il, vous êtes général capitaine, comme me l'a dit Marcellin! Ah!
mon Dieu! comme vous avez fière mine!

— Tu vas déjeuner avec moi, mon brave : nous
parlerons à l'aise et plus longuement.

— Oh! je n'oserai jamais!...

— Tu oseras avec un ami, ajouta Dunstan en lui
serrant la main : toi et Goudron, n'êtes-vous pas de
véritables amis?

Comme il en avait reçu l'ordre, et pour n'imposer
aucune contrainte aux convives, le valet de chambre
du colonel fut seul à servir le déjeuner.

On se mit aussitôt à causer, tout en dégustant
avec appétit une de ces bonnes truites saumonées
du Doubs, si estimées des gourmets. Josillon apprit
à Dunstan le retour de la Baronne à Trévillers,

l'état de santé précaire de Christine et l'acharnement persistant du maire Arnoux contre Mmes Descerniers.

— Mais, ajouta-t-il, Marcellin tient en bride
ce satané sans-culotte ; il lui a annoncé votre avancement en grade ; le fieffé gredin a la venette, il
n'ose crier trop haut. C'est égal, ses coups à la sour-
dine n'en sont peut-être que plus à craindre. Il est
temps, je crois, de lui montrer la fine pointe de votre
terrible épée.

— Je suivrai ton conseil, brave ami. En attendant,
il me vient un projet et je vais le mettre à exécution : je veux arriver à Trévillers, avec un certain
éclat ; la force impose toujours aux fourbes et aux
lâches. J'intimerai l'ordre au citoyen Arnoux de
venir à ma rencontre, à la tête de son conseil
municipal. Une autre idée : y a-t-il toujours un poste
militaire à Goumois?

— Oui, celui des gardes nationaux.

Dunstan se fit apporter de l'encre, du papier, et il
traça ces lignes :

« Le commandant du poste français de Goumois
» est requis de fournir immédiatement six hommes
» armés, pour servir d'escorte jusqu'à Trévillers au
» ministre plénipotentiaire de la République Fran-

» çaise près la Confédération Helvétique. Il devra
» aussi envoyer, de suite, par estafette, le pli ca-
» cheté ci-joint au citoyen maire de Trévillers. »

Dunstan écrivit encore, sur une feuille séparée, à
l'adresse du maire Arnoux :

« En vertu des pouvoirs délégués par le gouver-
» nement de la République Française au ministre
» plénipotentiaire près la Confédération Helvétique,
» le citoyen maire de Trévillers est prévenu d'ordre
» qu'il devra se transporter sur-le-champ, avec son
» conseil municipal, au château de Trévillers, pour y
» recevoir, vers trois heures de relevée, ledit mi-
» nistre. »

Au bas des deux pièces était apposé le sceau mi-
nistériel.

Ces missives furent apportées par le valet de
chambre du colonel ; le commandant du poste s'empressa de s'y conformer. Toutefois, comme il était
très-méfiant, il se promit d'exiger, au passage du
plénipotentiaire, l'exhibition de ses titres officiels.

Tandis qu'on attelait, Dunstan fit ses adieux à Josillon, en lui prescrivant le plus grand secret. Puis
il monta en voiture.

Arrivé devant le poste, il trouva six gardes nationaux, montés sur des chevaux de labour mis en

réquisition. L'escorte était grotesque, mais c'était une escorte.

De sa voiture, le colonel fit signe au commandant d'approcher et lui dit :

— Citoyen, vous avez un devoir à remplir. Veuillez vérifier mes pouvoirs; voici ma commission.

L'officier jeta un coup d'œil sur le document, et aussitôt, comme confus de sa hardiesse, il s'inclina profondément, en murmurant :

— Monseigneur le ministre, j'ai obéi à vos ordres : l'escorte de Votre Grandeur est prête à suivre Votre... Éminence...

Pendant que le colonel gravit la longue côte de Goumois, nous le précéderons, de quelques instants, à Trévillers .

Le maire Arnoux venait de recevoir les instructions du plénipotentiaire, et ce titre, dont il comprenait peu la signification, lui parut néanmoins des plus considérables. Il rassembla donc en toute hâte ses conseillers, puis, ceint de sa plus belle écharpe, coiffé de son inséparable chapeau à plumet rouge, il se rendit, flanqué de ses municipaux, au château de Trévillers.

De son écurie, Goudron avait remarqué le majestueux appareil : il suivit, à distance, les dignitaires de la commune ; mais, quand l'imposant défilé se dirigea vers le château, le pauvre homme commença à concevoir de singulières inquiétudes. N'y tenant plus, il pénétra dans la cour et se mêla au cortége. Le maire l'aperçut et l'apostropha aussitôt, du ton le plus dédaigneux :

— Comment, animal, as-tu l'audace de t'immiscer dans le corps officiel?

— Pardine! M'sieur le citoyen maire, c'est pour voir de plus près.

— Retire-toi, royaliste impur! ta présence souillerait la majesté administrative. D'ailleurs, tu n'as pas la prétention, j'imagine, de paraître devant le ministre Pheni... Paris... potentiaire. Ouvre le salon, afin de nous laisser entrer, et détale lestement!

— J'entends bien, M'sieur le maire. Mais dites-moi un peu ce que le citoyen Potence en terre vient faire ici?

— Il ne vient certainement pas pour t'adresser des compliments. Je me doute du motif de sa visite dans ce pays. Il est temps d'en finir avec les aristocrates ; il est urgent de partager tous les biens des ci-devant entre tous les bons patriotes. Allons! ouvriras-tu bientôt?

— Dame! je ne suis point le maître du château.

Ai-je le droit de briser les portés? Ne pouvez-vous pas attendre, dans la cour, l'arrivée du Pot en terre? Tenez, M'sieur le maire, m'est avis que vous devriez rester sage; n'oubliez point un certain capitaine général, car il a une épée terriblement longue et furieusement affilée... ma fine!

— Au nom de la République, je t'ordonne de nous livrer passage!

L'astucieux et lâche sans-culotte ne voulait pas s'introduire, de force, dans le château; il préférait, pour le cas d'événements imprévus, pouvoir rejeter, au besoin, sur un autre, cette violation d'un domicile, protégé par des ordres positifs venus de Besançon. Il espérait laisser au royaliste Goudron la responsabilité de cette imprudence. Arriver à son but et compromettre un ennemi, c'était double profit; mais le démagogue comptait sans la finesse de son adversaire.

Le fermier, après s'être gratté l'oreille, répondit, de l'air le plus naïf :

— Faut pas se fâcher, M'sieur le maire, la colère n'est point bonne pour la santé... et puis, ça nuit à la dignité d'un magistrat. Je vais de suite vous obéir, avec tout le respect qui vous est dû.

Ce disant, Goudron ouvrit la porte, se glissa dans

le vestibule, puis repoussa aussitôt le vantail et tira
le verrou à l'intérieur.

Contemplant ensuite, à travers la grille du judas,
le maire qui restait ébahi sur le seuil, il lui dit d'un
ton de bonhomie gouailleuse :

— Pardon, M'sieur le citoyen, je vais m'assurer
si la bonne dame consent à vous recevoir ; attendez
moi, un tantinet.

— Ah ! triple scélérat, ta tête me paiera ce vilain
tour ! Laisse-moi entrer sur-le-champ, ou je mets le
feu à çe repaire de brigands.

— Ma fine ! vous en êtes très-capable ; mais le
petit papier de Josillon ne serait point brûlé, dà !
Ou bien ce serait là une fière occasion de faire
connaissance avec la fine lame du général capitaine.
Puis, d'ailleurs, où recevriez-vous votre Pot en
terre ? Vous fâchez pas ! un brin de patience vous
ira mieux.

Et là-dessus, le fin matois referma le guichet au
nez du maire Arnoux mystifié.

La malheureuse Baronne était dans sa chambre
avec Mmes Descerniers. Goudron frappa discrètement à la porte. Ses premiers mots furent pour
tranquilliser les esprits frappés de terreur.

— N'ayez aucun souci, Mesdames, dit Marcellin ;

on n'osera pas pénétrer, de force, dans le château. Quand le personnage attendu viendra, j'irai ouvrir, s'il le faut absolument, mais je trouverai, j'inventerai un expédient. Ne vous tourmentez point : je retourne à mon poste, dans le vestibule.

Malgré les paroles rassurantes de Goudron, la Baronne et Mmes Descerniers restaient sous le coup de la plus vive anxiété; par une commune inspiration, elles se jetèrent à genoux et se mirent à prier Dieu.

CHAPITRE XVIII

Goudron avait repris sa faction derrière la porte du vestibule. Il entendit bientôt le roulement sourd et lointain d'une voiture. Au fur et à mesure que le bruit se rapprochait, le pauvre homme se sentait de moins en moins rassuré : il redoutait de nouveaux malheurs.

Enfin une chaise de poste s'arrêta devant le perron de la cour d'honneur : le ministre plénipotentiaire faisait son entrée.

Marcellin ouvrit le guichet ; mais quelle ne fut pas sa surprise en voyant descendre de l'équipage le brillant colonel qu'il reconnut aussitôt.

— Ah ! par exemple, murmura-t-il tout bas, voici bien une autre aventure ! Voyons un peu comment

M'sieur le maire va se tirer de là. Le lâche est capable de tomber en défaillance.

— Très-bien ! citoyen maire, dit le colonel ; je vous félicite, vous et vos conseillers municipaux, d'être exacts à mon invitation. Mais procédons par ordre ; il faut observer, avant tout, dans les affaires publiques, une extrême régularité ; un haut fonctionnaire ne doit pas s'exempter des formalités requises, il doit, au contraire, donner l'exemple de la soumission aux lois de son pays : c'est le meilleur moyen d'établir son autorité et d'exercer ensuite sa surveillance sur une administration. Voici mes pouvoirs ; approchez, citoyen, vérifiez les titres officiels du ministre plénipotentiaire de la République Française près la Confédération Helvétique, Colonel Dunstan Trévillers.

Le Brutus de village offrait un piteux aspect : blême de frayeur, stupéfié, il se demandait s'il n'était pas le jouet d'un rêve ou d'une hallucination. Le fil, qui soutenait l'épée de Damoclès, venait de se rompre : le fameux colonel, ce vengeur implacable tant de fois annoncé par Goudron, et le plénipotentiaire de la République ne faisaient qu'un seul et même personnage, qui était là devant lui, prêt à réclamer un compte sévère du passé.

Chapeau bas, l'ami de l'égalité, l'ennemi de la hiérarchie, le contempteur de la Noblesse s'inclinait, se baissait, se courbait. Mis en mouvement par ces interminables saluts, le magnifique plumet de son couvre-chef balayait le sol, sans discontinuer : on eût dit la queue d'un renard pris au piége. Il ne pouvait articuler la moindre phrase : les paroles s'arrêtaient dans son gosier; il souriait bêtement pour simuler une satisfaction qu'il était loin d'éprouver. Et, avec la régularité mathématique d'un balancier d'horloge, le fameux plumet rouge balayait, balayait encore, balayait toujours la poussière.

Suspendant enfin ses oscillations, le démagogue hasarda un regard oblique sur le papier qu'on lui présentait : il distingua les cachets, les timbres multicolores et toutes les marques cabalistiques des pièces officielles.

— Ce n'est pas moi, balbutia-t-il, ni personne ici, Monsieur le Cheval... le Baron, je veux dire Monsieur le Colonel Grand Pénitentiaire, qui oserait douter... nous vous sommes trop dévoués... trop reconnaissants...

— Citoyen, mes instants sont comptés, je ne resterai pas longtemps dans ce village; mais je ne veux

15.

pas m'en éloigner avant d'avoir pris connaissance des affaires du pays ; je vous requiers donc de me présenter un rapport détaillé, délibéré en conseil, sur l'état des esprits et spécialement sur les événements qui se sont produits dans la commune pendant ces six derniers mois.

Et, saluant légèrement, le ministre se dirigea vers le perron, laissant le maire se livrer à de nouveaux exercices de gymnastique et de politesse.

Comme le colonel mettait la main sur le marteau de la porte, Goudron ouvrit, de l'intérieur, et dit avec empressement :

— Ah ! Monsieur Dunstan, enfin vous voici ! Tout va bien. Madame la Baronne est là-haut ; si vous le permettez, j'irai dire un petit mot pour annoncer votre bonne visite ; la joie fait mal, quand elle est trop brusque... on ne vous attendait guère !

— Va, mon ami, mais reviens promptement.

Marcellin ne tarda pas à reparaître. Bientôt le Chevalier se jetait dans les bras de sa mère.

La Baronne versait des larmes d'attendrissement ; toutefois, en savourant à longs traits le bonheur de revoir son enfant, elle pensait à son mari qui était mort sans avoir goûté cette suprême consolation ;

et ce souvenir ravivait la douleur d'une perte si cruelle !

Dunstan considéra longtemps sa mère avec tristesse : il la retrouvait en cheveux blancs, il lisait sur ce front sillonné de rides, sur ces traits amaigris, dans tous les indices d'une précoce vieillesse, le ravage des inquiétudes et des chagrins.

Après ce moment de pénible surprise, en portant ses regards autour de lui, Dunstan vit qu'il n'était pas seul avec la Baronne. Il aperçut Mme Descerniers et sa fille qui se tenaient discrètement à l'écart. S'excusant aussitôt, il vint à elles, leur tendit la main, non sans rougir un peu, et leur témoigna sa vive satisfaction de rencontrer, auprès de sa mère, deux amies depuis si longtemps associées aux peines et aux joies de sa famille.

La pâleur de Christine, l'air de souffrance répandu sur sa physionomie, frappèrent vivement Dunstan. Il n'osait pas questionner la jeune fille, tant il redoutait une réponse désespérante. La Baronne, heureusement, vint au secours de son fils, en lui demandant ce que signifiait son brillant costume.

— Ah ! il est vrai, ma bonne mère, vous ne savez rien encore de mes aventures. Mais, avant de vous raconter mon histoire, il est juste de vous décliner mes qualités : je suis colonel d'un régiment de cavalerie.

— Comment! mon enfant, vous servez les monstres qui terrorisent la France?

— Ne vous alarmez pas, chère mère : je défends mon pays contre l'invasion étrangère; rien de plus, rien de moins. D'ailleurs, mon parti est bien arrêté : si l'on voulait me contraindre à combattre mes compatriotes, je refuserais énergiquement tout service, car j'ai horreur de la guerre civile. Mais n'insistons pas sur ce pénible sujet; laissez-moi, chère mère, tout au bonheur de vous retrouver ici avec vos excellentes amies.

La conversation prit un autre tour et s'étendit naturellement sur le récent malheur qui avait frappé la Baronne et son fils. Mme de Trévillers raconta, en pleurant, la maladie et la mort de son mari.

Dans son désespoir, dans son isolement, elle avait préféré revenir sur-le-champ à Trévillers, malgré les dangers auxquels elle s'exposait.

Le maire Arnoux lui avait alors suscité de mortels embarras. Il l'avait dénoncée au comité révolutionnaire de Besançon et l'avait signalée comme émigrée osant rentrer en France. Puis, mécontent de l'insuccès de sa délation, il avait essayé de s'introduire dans le château, sous prétexte de perquisitions à opérer pour y découvrir soit de prétendus dépôts d'armes, soit des proscrits en quête d'un asile.

— Mais, jusqu'à présent, dit en terminant la Baronne, grâce au bon Marcellin, ce personnage n'a pu réaliser ses odieux projets.

— Ah! le lâche, s'écria Dunstan, il me le paiera cher !

— Gardez-vous de faire le moindre éclat, Monsieur le Chevalier, dit à son tour Mme Descerniers ; si le maire venait à être-destitué, un autre, à sa place, serait sans doute plus malfaisant encore. D'ailleurs, Goudron m'a souvent répété qu'il ne craignait pas ce méchant homme.

— Je reconnais bien là votre excellent cœur, Madame, mais je veux, tout au moins, tenir en respect un drôle dont les machinations ont failli devenir si funestes : car, par d'infâmes dénonciations, il avait provoqué votre incarcération, et, restée seule, malade, sans secours, sans consolation, Mademoiselle votre fille pouvait succomber sous le poids de l'inquiétude et du désespoir.

— Grâce à Dieu, ma santé s'est complétement rétablie, répondit Christine ; mais, vous-même, Monsieur Dunstan, vous paraissez souffrant : auriez-vous été blessé?

— Oui, Mademoiselle, j'ai reçu plusieurs blessures dont je suis à peu près guéri. J'ai aussi éprouvé des secousses morales : mais, loin de m'accabler, celles-ci ont réconforté mon âme, en lui donnant une nouvelle vie. Dieu sait bien préparer ce qui nous est utile.

— Voilà une bonne pensée, Monsieur Dunstan, et je vous remercie, ajouta Christine en tendant la main au colonel, de la joie qu'elle me cause. Au surplus, un cœur loyal comme le vôtre devait revenir à la vérité. Le prêtre martyr, que vous avez défendu au péril de vos jours, a obtenu pour vous la récompense réservée aux élus.

— Oh! Mademoiselle, je n'en suis pas encore arrivé à ce point; un pauvre soldat a deux ennemis à combattre : le diable et les hommes, et ces derniers ne sont pas toujours les plus dangereux.

— Bayard, dont vous êtes l'émule aujourd'hui, n'avait peur ni de l'un, ni des autres.

— Ah! si j'espérais redevenir pour vous le Bayard de nos jeunes années, mon courage serait cent fois plus fort : je mettrais mon épée sous la protection de saint Michel.

— Comme lui, vous avez déjà terrassé le Dragon.

Ces paroles, dites sur le ton d'un aimable enjouement, terminèrent l'entretien en ranimant, chez Dunstan, les plus douces espérances. Mmes Descerniers s'empressèrent de regagner leur demeure; elles ne voulaient point priver plus longtemps une mère du bonheur de s'épancher seule avec le fils qu'elle avait cru ne plus revoir.

Cependant le maire Arnoux ne savait comment sortir du mauvais pas où il se trouvait engagé. La redoutable position politique du colonel prescrivait les plus grands ménagements.

— Qui sait, se disait le prudent personnage, si, un jour, le Baron ne redeviendra pas seigneur de ce pays! Je serais alors dans un joli guêpier! Il faut donc se tirer d'affaire adroitement; et le mieux est de ne rien entreprendre sans l'appui de mon conseil.

Arnoux se rendit chez lui, suivi du cortége municipal. Les conseillers prirent place autour d'une table; le maire s'installa dans le fauteuil présidentiel et débuta ainsi :

— Citoyens et amis, vous connaissez tous le sujet de notre délibération. En conséquence, exposez-moi, l'un après l'autre, vos idées. Qui demande la parole?

Cet appel ne fut point entendu ; l'éloquent Arnoux perdait sa peine : les rusés paysans se renfermaient dans un mutisme absolu.

— Oui, reprit le maire, oui, je vous comprends, je vous comprends même très-bien. Le silence, voilà votre réponse, citoyens, et nous tombons parfaitement d'accord. Oui, on n'est jamais trop prudent en affaires : il faut ménager l'avenir. D'ailleurs le jeune Baron est un excellent homme, un bon patriote, un philosophe ami des lumières, et, ma foi ! j'ai pour lui la plus grande estime.

— Bien parlé, citoyen maire, dit un conseiller appelé Levassou, d'autant même que vous verrez bientôt notre Baron monter encore en grade ; il sera l'un des chefs du Gouvernement ; le voilà déjà colonel ministre de la pleine potence en terre. Gare à nous ! par exemple, s'il apprend les tracasseries qu'on a faites à sa maman ! N'oubliez pas, citoyen maire, qu'il est le maître de la potence...

— Je voudrais bien connaître le mauvais patriote assez hardi pour causer la moindre peine à notre bonne dame, dit vivement un autre conseiller ; je le dénoncerais sur-le-champ.

— Tais-toi, Letrou, tu parles comme un buveur de sang. Le devoir d'un magistrat intègre est de protéger ses administrés : jamais je ne tolérerai le moindre méfait à l'égard de notre chère dame, ni de personne.

— Mais, reprit un autre conseiller nommé Baulivâtrop, mon voisin Tatu m'a dit à l'oreille que Mesdames Descerniers...

— Ne changeons pas la question, répliqua Arnoux fort troublé; l'ordre du jour appelle la délibération sur le rapport demandé par le Colonel Ministre... Paripotentiel; je propose cette rédaction :

« A Son Excellence le citoyen Colonel Ministre Pa... pé... Pari... »

— Enfin, n'importe, j'écris ce mot-là en abrégé; Monsieur le Baron connaît son titre.

— Mieux que nous, repartit Levassou.

— Silence! cria Arnoux; je continue :

« Le Conseil assemblé, après délibération et à l'u-
» nanimité, déclare que les habitants de la commune
» de Trévillers sont tous incapables.... »

— Oh! c'est bien vrai, ajouta Baulivâtrop en manière d'assentiment.

— Silence donc! je répète :

« Sont tous incapables d'exprimer la satisfaction
» qu'ils ont ressentie, en voyant revenir au milieu
» d'eux le digne héritier d'une famille digne... »

— Digne... digne... je crois entendre les clochettes de mes génisses, dit Letrou; ça sonne mal, ou plutôt ça sonne trop.

— Vous tairez-vous, enfin! hurla le maire, d'une voix de stentor. Où en étais-je?

» Digne du respect général...

— Pourquoi général? notre Baron est colonel, ajouta finement Levassou.

— Oui, mais c'est le respect qui est général, et, si je n'avais pas peur de manquer aux usages parlementaires, je te traiterais d'idiot!

» Avec lequel ils ont l'honneur d'être, de Son
» Excellence le Colonel Baron Ministre, les très-
» humbles, les très-fidèles, les très-obéissants, les
» très-soumis serviteurs et vassaux. En foi de quoi, le
» maire et son conseil ont signé ces présentes, le cinq
» Septembre mil sept cent quatre-vingt-treize [1]. »

Puis, au bas de cette mirifique déclaration, où sa lâcheté et sa bassesse se donnaient libre carrière, le fier Jacobin traça son nom. Et, comme la rédaction du rapport, malgré plusieurs critiques de détail, avait conquis les suffrages de la prudente assemblée,

1. Le calendrier républicain n'était point encore en vigueur. L'ère vulgaire ne fut abolie, par la Convention, que le 5 Octobre 1793.

tous les municipaux apposèrent, les uns après les autres, leurs paraphes.

Arnoux se rendit au château et sollicita humblement une audience du colonel.

— Monsieur le Baron, dit-il en se courbant jusqu'à terre, voici une délibération prise spontanément par moi et par mon conseil municipal. Si je n'avais eu hâte de vous la remettre, tous les habitants de la commune l'auraient signée.

Ayant lu ce mémorable document, le colonel dit au docte patriote :

— Pourquoi a-t-on omis, dans la suscription, de mentionner intégralement ma qualité de ministre plénipotentiaire?

— Ah! mon Dieu, ce mot était si malaisé que personne n'est venu à bout de l'achever; je vais, Monsieur le Baron, avec votre concours, essayer de combler cette lacune.

Après avoir dicté, syllabe par syllabe, le fameux titre diplomatique, Dunstan jeta la délibération sur une table et dit au maire, en le regardant fixement :

— Maintenant, citoyen Arnoux, il est temps de vous dire que je ne suis pas la dupe de votre hypocrisie. Votre conduite à l'égard de ma mère et de Mesdames Descerniers est inqualifiable. Ne cherchez pas à nier : je sais tout. Malheur à vous, si la moindre vexation se renouvelle. Vous m'avez entendu! Vous m'avez compris! Sortez!

Le premier magistrat de la commune de Trévillers n'eut pas la force de balbutier un seul mot de défense; il se retira, marchant à reculons, se confondant en saluts, en révérences et en génuflexions.

Le colonel diplomate ne pouvait prolonger son séjour à Trévillers. D'ailleurs ses vœux étaient remplis : il lui avait été donné d'embrasser sa mère et de la rassurer; il la consola de son brusque départ en lui faisant pressentir une réunion prochaine et définitive. Ce n'était point un prétexte suggéré par la tendresse filiale ; Dunstan prévoyait que les événements politiques allaient entraver sa carrière militaire. Le siége de Lyon se poursuivait avec activité : d'un moment à l'autre, Kellermann pouvait être appelé à renforcer les assiégeants, et, dans ce cas, le colonel n'hésiterait point à fuir loin de ce théâtre de désolation, tant l'idée de la guerre civile révoltait ses nobles instincts !

Puis le doux accueil de Christine avait charmé Dunstan, et lui avait rendu l'espérance, si chère aux cœurs fatigués. Le jeune homme formait, pour l'avenir, les plus souriants projets. Il s'éloigna donc sans trop de regrets : l'attente du bonheur rendait moins cruelle la nécessité d'une nouvelle séparation.

Quand il eut fait ses adieux à sa mère et à Mmes Descerniers, Dunstan dit au bon Marcellin, en lui serrant cordialement la main :

— Je vais enrichir ton arsenal d'une pièce de gros calibre : je te confie la fameuse délibération du citoyen Arnoux. Tu en useras, au besoin, dans les moments difficiles. Merci encore de ton dévouement et au revoir, mon brave ami !

La chaise de poste du colonel traversa rapidement le village; elle prit la route de Morteau, pour se diriger ensuite sur Neufchâtel et, de là, gagner Genève, où le diplomate devait faire ratifier les conventions de Berne.

Dunstan resta huit jours à Genève : en une semaine, il eut terminé la mission délicate confiée à son habileté. Il n'avait plus qu'à retourner en Savoie, pour y rejoindre son régiment.

L'armée piémontaise, toujours mal commandée par des chefs inexpérimentés, s'était repliée de plus en plus vers les Alpes : tous les passages étaient libres, et Dunstan atteignit, sans difficulté, le quartier général de Kellermann.

CHAPITRE XIX

Dunstan trouva Kellermann en proie à une violente irritation. A la vue de son jeune protégé, le général se rasséréna un peu : il étreignit vivement la main du colonel et s'écria, d'une voix où, malgré lui, vibrait encore la colère :

— Ah! mon ami, vous venez bien à propos pour apprendre comment les crétins du Pouvoir exécutif se conduisent à mon égard. Oui, aujourd'hui, vingt cinq Septembre mil sept cent quatre-vingt-treize, on me notifie brutalement ma destitution : on m'enlève le commandement de l'armée des Alpes. Jugez de leur exigence : avec un effectif de quatorze mille hommes, à les entendre, je pouvais exterminer l'ennemi, fort de quarante quatre mille combattants ; et, ce n'est pas tout, je devais envoyer la moitié de ma chétive armée pour renforcer les troupes qui assiégent la ville de Lyon. Conçoit-on pareille démence? C'est à vous détourner de jamais servir la République.

— Voilà une triste nouvelle, général, et vous me voyez tout consterné. Mais n'exagérez-vous pas de simples présomptions? Il y a, sans doute, un malentendu?

— Non, pardieu! ma destitution est bel et bien signée par les valets de Robespierre. Au surplus, je ne regrette pas trop cette avanie, car jamais je n'aurais accepté l'ordre de marcher contre les malheureux Lyonnais. Ce n'est plus là une guerre, c'est une boucherie organisée. Nous verrons si mon successeur se décidera à remplir l'office de bourreau.

— Est-il déjà nommé?

— Oui, on a choisi le citoyen Doppet, Savoyard d'origine, un brave cœur, un excellent homme, bien qu'il ait le travers d'écrivailler sans cesse et de se qualifier de « sans-culotte » dans les rapports officiels qu'il adresse à la Convention. Je vous ai recommandé à lui d'une façon toute particulière.

— Je vous remercie, général, de votre constante

bienveillance ; mais vous me permettrez de partager votre mauvaise fortune ; il me serait d'ailleurs impossible de me battre contre des compatriotes : j'éprouve, vous le savez, une répulsion invincible pour la guerre civile.

— Comment, mon ami, à votre âge, vous briseriez votre carrière, quand elle vous réserve tant de belles espérances? Mais, après tout, vous ne dirigez pas cette maudite campagne. Je vous l'ai déjà dit autrefois, et je vous le répète, pour calmer vos scrupules : un colonel n'a qu'à obéir, il n'assume sur lui aucune responsabilité de direction, ni de résultats.

— Général, ma résolution est définitive : je me retire. Tout au plus consentirais-je à servir encore, si l'on m'envoyait à l'armée du Rhin.

— Attendez, ne précipitons rien : j'ai peut-être une idée. Vous vous êtes acquitté, en diplomate consommé, de la difficile négociation dont vous étiez chargé. Eh bien ! vous seul devez porter la ratification du traité au Gouvernement. Par ce moyen, vous gagnez du temps, et, dans trois ou quatre semaines, nombre d'incidents peuvent modifier la situation. Ma proposition vous sourit-elle?

— Je suivrai aveuglément vos conseils, mon généreux protecteur. L'essentiel pour moi, c'est de ne point participer à une lutte fratricide. J'accepte avec reconnaissance cette mission. Mais où vous retrouverai-je, général?

— Probablement à Paris, car j'entends y aller, moi aussi, pour demander des explications sur les indignes procédés dont on use envers moi. Je vais vous donner rendez-vous à l'hôtel, ou chez un ami. Tenez... vous irez me demander chez Pothier, 17, rue des Augustins, dans huit jours. Nous nous concer-terons ensuite sur le parti à prendre, si le sort n'en décide autrement.

La destitution de Kellermann était un fait accompli. Doppet, son successeur, se mit immédiatement à la tête de l'armée. Il fit occuper, par quelques bataillons, certains points fortifiés, pour empêcher l'ennemi de se porter au secours de Lyon; puis, avec le reste de ses troupes, il s'avança dans la direction de la malheureuse ville assiégée.

Pendant ce temps Kellermann se rendait à Gre-noble, et Dunstan gagnait les environs de Lyon par la route de Nantua.

Arrivé à Villefranche, le trente Septembre, à la tombée de la nuit, Dunstan fut obligé d'attendre au lendemain pour continuer son voyage : le relai de poste n'avait plus un seul cheval dans ses écuries.

Le colonel n'était qu'à cinq lieues de Lyon ; il entendit, pendant toute la soirée, le sourd grondement du canon : les assiégeants bombardaient la malheureuse cité.

Vers onze heures du soir, il vit une troupe d'environ deux mille Lyonnais, conduits par le brave commandant Précy, qui se dirigeaient en toute hâte vers la frontière. Ces infortunés, presque tous négociants et industriels, pour être restés fidèles à leurs convictions royalistes, se trouvaient réduits à abandonner leur patrie, leurs familles et leurs biens. Ils étaient poursuivis, avec un acharnement inouï, par la cavalerie républicaine et par des patriotes, assassins volontaires qui secondaient l'armée régulière, frappant et tuant à merci. Sur les deux mille fugitifs, quatre-vingts à peine, dit l'histoire, réussirent à gagner le territoire suisse : tous les autres furent massacrés sans pitié ! Harassés de fatigue, mourant de faim, ils n'avaient même plus la force de fuir, ni d'éviter les coups de leurs meurtriers. Aussi les bourreaux sans-culottes s'en donnaient-ils à cœur joie, et se rassasiaient-ils de carnage !

Le lendemain, de bonne heure, au moment où Dunstan se disposait à monter en voiture, la nouvelle de la capitulation de Lyon parvenait à Ville-franche.

Hélas! le fatal dénouement était inévitable! La formidable artillerie, que le paralytique Couthon avait réussi à installer sur les hauteurs de la colline de Sainte-Foy, accablait la ville d'une grêle de boulets et de mitraille; d'autres batteries, placées sur la rive gauche du Rhône, foudroyaient le beau quartier de Bellecour. Quelques heures de résistance encore, et le magnifique hôpital, la gloire des Lyonnais, allait s'écrouler de fond en comble! Dans cette cruelle extrémité, les pauvres habitants, affaiblis par la pénurie des vivres, affolés de terreur, s'étaient rendus, après un siége de soixante-trois jours!

On sait comment cette soumission fut récompensée ; un décret de la Convention supprima le nom de la ville qu'il remplaça par celui de *Commune-Affranchie*, et ordonna la démolition des plus beaux quartiers. Malgré les généreux efforts de Doppet, les sinistres proconsuls, Couthon, d'Herbois et Fouché, décimèrent la population : comme la guillotine servait trop lentement la rage de ces tigres, on procéda à des mitraillades en masse dans la plaine des Brotteaux; tous les hommes courageux, convaincus d'avoir résisté à l'infâme Challier et au Club des Jacobins, furent impitoyablement sacrifiés à d'odieuses vengeances.

Dunstan partit de Villefranche, le cœur navré. Le surlendemain, au lever du soleil, il arrivait à Paris. Sans prendre le temps de se reposer, il se rendit au siége du Pouvoir exécutif, et remit à Bouchotte, ministre de la guerre, la minute du traité conclu avec la Confédération Helvétique.

Ce fameux Pouvoir exécutif, loin de se dévouer au salut de la patrie en danger, s'absorbait complétement dans les rivalités intestines de la Convention, de Robespierre et des Clubs. Bouchotte ne comprit rien au document qui lui était présenté ; il dit à Dunstan, d'un ton irrité :

— Que signifie ce traité? La peste soit de l'animal qui l'a rédigé !

Le Chevalier, peu habitué encore à cette brutalité de langage si fort à la mode alors parmi les gens sans aveu, qui parvenaient aux postes les plus élevés, en affectant le manque de savoir-vivre des sans-culottes, faillit perdre contenance ; mais, recouvrant bientôt son sang-froid, il répondit :

— Les termes du traité sont clairs et explicites ; cependant, citoyen ministre, je puis facilement

16.

vous résumer les motifs et le but de la négociation.

Dunstan exposa, avec précision, l'extrême difficulté où l'armée des Alpes s'était trouvée, par suite des approvisionnements que les Suisses fournissaient aux Sardes.

— Ce n'est pas tout; ajouta Dunstan; par ce traité, la France a non-seulement obtenu la neutralité des Cantons, elle s'est, en même temps, fait de la Suisse une alliée.

— Très-bien! s'écria Bouchotte, la Convention sera heureuse d'apprendre des résultats aussi importants : je n'aurais pas supposé tant d'énergie, ni tant d'adresse chez ce paresseux de Kellermann. Mais je ne vois pas la signature du général au bas de cette pièce.

— C'est celle du colonel Trévillers.

— Comment donc Kellermann n'a-t-il pas eu le bon esprit de m'envoyer cet officier?

— Le colonel est devant vous, citoyen.

— Ah! c'est toi? Diable! colonel à ton âge! et déjà si habile diplomate! Ton pays?

— Je suis Franc-Comtois, engagé volontaire, en service à l'armée des Alpes.

— Peux-tu me donner des nouvelles de Lyon?

— Cette ville a capitulé dans la nuit d'avant-hier.

— En es-tu sûr?

— J'atteste le fait.

Bouchotte rayonnait de joie ; il écrivit immédiatement deux lettres, l'une à la Convention, l'autre au Comité de Sûreté générale. Puis il dit à Dunstan :

— Colonel, trouve-toi ce soir au Club des Jacobins, nous aurons probablement besoin de tes renseignements. Voilà une carte d'entrée. Tu reviendras ici demain.

Dunstan prit le billet et se retira, sans répondre, étouffant les révoltes de son âme à la perspective de se trouver en contact avec les séides de Robespierre. Il se demandait, lorsqu'il fut dans la rue, s'il ne devait pas s'enfuir immédiatement loin de Paris. Mais ne pas tenir compte des ordres du ministre, s'éloigner à un pareil moment, c'était, à coup sûr, risquer d'être traité en transfuge ; mieux valait surmonter ses répugnances et obéir à l'injonction formelle de Bouchotte.

Dunstan marchait au hasard devant lui ; il fut frappé du changement survenu dans l'aspect de la Capitale : ce n'était plus ce Paris qu'il avait vu, lors de sa première mission, l'année précédente, sombre, morne, lugubre.

Déjà la grande ville, oublieuse du passé, insoucieuse de l'avenir, commençait à s'acclimater dans cette détestable atmosphère de tyrannie, de violence et de meurtre. Ce peuple, dont on a si souvent célébré et glorifié l'énergie, la sublimité, l'héroïsme, se soumettait à une poignée de scélérats ; ce peuple avait laissé égorger son Roi ; il assistait, chaque jour, à de nouvelles hécatombes : le sang coulait à flots, et pas un cri de protestation ne s'élevait, pas un effort n'était tenté pour arracher les victimes à leurs bourreaux. L'anarchie régnait, le désordre était organisé, les assassinats se perpétraient juridiquement. Le régime de la Terreur avait ses solennités et ses fêtes. Les rues étaient pleines de monde et de mouvement ; la foule allait à ses affaires ou à ses plaisirs. Le négoce, le trafic avaient repris leur cours, à cette différence près que l'or était remplacé par les assignats. Les théâtres ouvraient leurs portes à de nombreux amateurs ; les spectacles forains des boulevards attiraient les désœuvrés : après avoir assisté aux tragédies de l'échafaud, la canaille se ruait aux parades ; après avoir admiré les orateurs des Clubs,

elle applaudissait les pîtres et les histrions :
« *Panem et Circenses !* »

La Terreur avait même ses aristocrates, s'il est
permis de hasarder une semblable antithèse. Comme
Dunstan traversait le jardin des Tuileries, il vit un
certain nombre de petits jeunes gens, qui faisaient
cercle autour de belles dames assises sur des chaises
de paille. Ces oisifs, on les nommait alors des « *Merveilleux* » : ils portaient de formidables chapeaux trian-
gulaires, des culottes très-collantes, des carmagno-
les atteignant à peine les hanches, et des gilets, à
trois boutons, qui couvraient tout au plus la moitié
de la poitrine. Pour compléter cet étrange accou-
trement, ils avaient au cou des cravates de mousse-
line d'une ampleur excessive, dans lesquelles le
menton et le nez même pouvaient plonger à l'aise.
Appuyé sur un énorme gourdin, le « *Merveilleux* »
se complaisait à faire admirer aux dames les agré-
ments de ses poses académiques et de ses formes
étriquées.

Les héritiers de cette race grotesque furent, un
peu plus tard, les « *Incroyables* », puis les « *Muscadins* »,
et, pour ne point passer en revue toutes les qualifications distinctives des diverses époques, nous dirons
qu'on leur donne aujourd'hui le sobriquet significa-

tif de « *Petits Crevés* » et de « *Gommeux* ». Hâtons-nous
d'ajouter qu'aucun gouvernement n'a pris ombrage
de ces pygmées ridicules, de ces Alcibiades de la décadence ; car ces fats, d'une nullité complète, dépour-
vus de caractère, d'énergie et de dignité, incapables
d'apprécier les côtés sérieux de la vie, ne se trou-
veront jamais en opposition avec un pouvoir quel-
conque. Toute leur ambition se borne à dissiper hon-
teusement, bêtement, leur patrimoine, et souvent
même, par anticipation, les biens qui ne leur sont
pas encore dévolus.

Le colonel observait douloureusement ces oisifs
qui, indifférents aux malheurs publics, riaient et
faisaient assaut de fades plaisanteries, à deux pas
de la Place où l'horrible guillotine, dressée en per-
manence, fonctionnait sans interruption !

Tout à coup il se produisit un grand mouvement
dans le jardin ; les promeneurs se dirigèrent en
masse vers le quai. Dunstan suivit machinalement
la foule ; arrivé à l'extrémité de la terrasse des
Tuileries, il forma la haie avec les curieux.

Des fanfares se firent bientôt entendre, et un singulier cortége commença de défiler.

On vit d'abord, ouvrant la marche, vêtus de car-
magnoles, la tête couverte d'un bonnet de laine

écarlate à cocarde tricolore, le sabre au côté, des pistolets à la ceinture, les agents de la « *force publique* » : ainsi se qualifiaient les coupe-jarrets enrégimentés au service particulier de la Convention, de la Commune et des Clubs. Ils précédaient une centaine de tambours et de clairons, qui alternaient avec la musique militaire des Sections. Puis des jeunes filles, en robe blanche, le front couronné de roses, s'avançaient sur deux rangs, chantant des hymnes patriotiques. Venaient ensuite, portés à l'instar de pieuses reliques, les bustes de Lepelletier Saint-Fargeau et de Marat. Enfin parut, assise sur un siége de forme antique enguirlandé de lierre et soutenu par quatre citoyens, une femme vêtue d'une tunique blanche, d'un manteau bleu de ciel, et coiffée d'un bonnet rouge : c'était la Déesse Raison, dont on allait célébrer, pour la première fois, dans Notre-Dame de Paris, le culte établi par la Commune révolutionnaire sur la proposition de son procureur-syndic, Anaxagoras Chaumette! Des députations de tous les Clubs, des musiciens, et plusieurs bataillons des Sections en armes terminaient le défilé.

Pauvre Déesse Raison! Ses pieds ont glissé dans la boue et dans le sang!

Voilà à quel degré d'abjection était tombée cette nation, qui jadis avait mérité le glorieux surnom de fille aînée de l'Église! Ah! les théories de l'Encyclopédie portaient leurs fruits : on chassait Dieu de ses temples et la vieille basilique, où Héraclius, patriarche de Jérusalem, avait prêché la croisade en 1185, où tous les rois avaient prié pour le salut de la France, devenait le théâtre des saturnales de la démagogie et de l'athéisme.

Dégoûté de ce spectacle, Dunstan quitta les Tuileries et se rendit dans les galeries du Palais-Royal. Il y dîna, au milieu d'une bruyante cohue de citoyens, qui commentaient, à tort et à travers, les nouvelles militaires. Ces docteurs Tant-Mieux attribuaient les défaites de nos armées à l'impéritie ou à la trahison des généraux, et les succès au génie de la Révolution; tous étaient parfaitement d'accord pour glorifier Robespierre. Personne n'eût osé contester la vertu incorruptible du puissant dictateur : on vantait sa douce bienfaisance, l'aménité de son caractère, l'énergie de son patriotisme. La platitude, la peur, la bassesse, la servilité formaient un concert de louanges à l'adresse de ce nouveau fléau de Dieu.

Après son dîner, le colonel se rendit au Club

des Jacobins ; sur la présentation de sa carte, il fut placé non loin du bureau du président : de cet endroit, il pouvait tout voir et tout entendre. Il assistait précisément à une séance orageuse, où le féroce Hébert (le Père Duchesne), Danton, Chabot (l'ex-capucin), et leurs adhérents furent contraints de se défendre contre Robespierre, qui les accusait de tiédeur et de modérantisme.

Les orateurs rivalisèrent de violence, ils se prodiguèrent les accusations les plus odieuses, se jetèrent à la tête les défis les plus outrageants, mettant au service de leurs haines et de leurs colères la langue triviale des carrefours, la rhétorique des bas-fonds de la populace.

Dunstan dut à la longueur des débats de ne point être interpellé par Bouchotte au sujet du traité de Berne, et il rentra en toute hâte à son hôtel, heureux de fuir cette caverne, que le Dante aurait dépeinte comme le lieu le plus sinistre de son *Enfer*.

CHAPITRE XX

Le lendemain, quand il se présenta à l'heure du rendez-vous, Dunstan remarqua, dès l'abord, sur les traits de Bouchotte, l'expression d'une vive inquiétude. L'orageuse discussion, qui s'était élevée la veille au Club, des Jacobins consternait le ministre, et lui présageait une prochaine disgrâce. Créature de Danton, il voyait avec effroi les tentatives audacieuses de Robespierre contre le fameux Septembriseur. En effet, l'incorruptible Maximilien,. l'ami désintéressé du peuple, « *l'homme sensible* », (comme il aimait à se qualifier en ses discours d'apparat), ne s'habituait pas à l'idée de partager son autorité; tout rival lui portait ombrage : il rêvait la dictature, l'omnipotence. Hébert avait deviné l'homme lorsqu'il l'avait défini, dans son journal, « *un Cromwell Jacobin* ».

Bouchotte dit à Dunstan :

— Eh bien ! colonel, tu étais aux Jacobins, hier soir. Que penses-tu de la séance ?

— Mon opinion, citoyen ministre, serait absolument dépourvue de valeur : un soldat n'entend rien à ces diatribes, à ces logomachies ; il pourrait seulement s'étonner des accusations que les orateurs se sont lancées à la face.

— Hélas ! telle est pourtant notre existence de tous les jours : nul n'échappe à la délation ! Mais, puisque tu es si discret dans tes appréciations, parlons de toi. Que comptes-tu faire ? Vas-tu rejoindre ton régiment ?

— J'aurais besoin de prendre quelques mois de repos pour me rétablir, pour guérir mes blessures.

— Ta demande est juste : je t'accorde un congé de semestre.

Dunstan se retira, satisfait d'avoir obtenu cette libération momentanée ; à vrai dire, il s'était servi d'un prétexte : depuis longtemps déjà, ses blessures étaient fermées et sa santé ne laissait plus rien à désirer. Mais il cherchait à temporiser, dans l'espoir que Kellermann reprendrait le commandement d'une armée au delà des frontières. Car il craignait de devenir le témoin des horribles massacres de Lyon, ou d'avoir à marcher contre les Vendéens. Ah ! il n'aurait jamais consenti à combattre ces nobles soldats du devoir et de la fidélité, qui résistaient à un gouvernement spoliateur et tyrannique, qui sacrifiaient leur vie pour venger la mort de leur roi, et pour défendre la cause sacrée de la Religion. Dans son for intérieur, le colonel de la République saluait, avec un respectueux enthousiasme, les noms glorieux des Bonchamp, des d'Elbée, des Charrette, des Cathelineau, des Stofflet, des Lescure et des La Rochejacquelein.

Dunstan attendit très-impatiemment l'arrivée de son général : il avait hâte de s'arrêter à une résolution définitive. Tous les matins, il se rendait à l'adresse indiquée par son protecteur ; mais douze jours s'écoulèrent : Kellermann n'avait point paru.

Dunstan ne pouvait rester plus longtemps à Paris : ce chaos sanglant de tous les vices, ce pandémonium lui faisait horreur, et, quand il entendait les crieurs publics proclamer la liste des nouvelles victimes qui allaient être sacrifiées à l'insatiable

Minotaure de la démagogie, il lui fallait étouffer les battements de son cœur et comprimer l'explosion de ses légitimes colères !

Une crainte le préoccupait d'ailleurs. La Terreur était alors à son paroxysme : Robespierre ne se contentait pas d'ensanglanter Paris, et son séide, l'infatigable Fouquier-Tinville, ne suffisait plus à la monstrueuse besogne. La guillotine réclamait de nouveaux pourvoyeurs : on confia à plusieurs Conventionnels le soin de terroriser les provinces. Pendant que Couthon mitraillait Lyon, Lebon décimait Arras ; pendant que Lebas et Saint-Just sévissaient à l'Est, Carrier d'exécrable mémoire, Carrier, le bourreau de Nantes, noyait ses victimes, par centaines, dans les flots de la Loire, à l'aide de bateaux à soupapes, dont il avait emprunté le modèle à Néron. Et Néron fut dépassé, disons-le bien haut, car il n'avait pas imaginé l'épouvantable supplice que, dans sa féroce ironie, le hideux Carrier appelait « *des mariages républicains* ».

Le colonel se demandait si sa chère Franche-Comté serait épargnée. Comme il lisait, un matin, selon son habitude, les papiers publics avec beaucoup d'attention, il vit qu'un Conventionnel, du nom de Lejeune, avait été dépêché, depuis plusieurs semaines, avec la mission de parcourir les départements du Doubs et du Jura. Cette nouvelle le glaça d'épouvante ; mais elle mit un terme à ses hésitations. Il n'y avait pas un instant à perdre : il courut au ministère de la guerre, se fit délivrer son congé de semestre, avec faculté de prolongation au besoin sur l'avis motivé d'un médecin, et il prit, en toute hâte, le chemin de la Franche-Comté.

Après de mortelles lenteurs, à travers mille obstacles, il atteignit enfin Trévillers. Il trouva la Baronne et Mmes Descerniers sous l'impression pénible des tristes incidents dont le pays venait d'être le théâtre.

Un jour de la semaine précédente, un singulier personnage avait traversé la commune. Il portait un grand chapeau empanaché, un habit bleu non boutonné, et un gilet jaune à larges revers. Une longue ceinture, tricolore comme les plumes du panache, et dont les extrémités formaient, en se relevant, un énorme nœud bouffant sur le côté, serrait la taille de son habit et soutenait un sabre gigantesque, qui traînait à terre avec force fracas. Les poches de sa culotte laissaient passer les crosses de deux pistolets.

Cet homme, c'était le représentant Lejeune qui

remplissait la mission dont il avait été chargé par la Convention.

Plusieurs habitants et une troupe d'enfants considéraient avec étonnement le nouveau venu, qui arpentait à grands pas la place communale, en vociférant et en menaçant « de faire mettre le feu aux quatre coins du village, parce que tous les habitants étaient des scélérats d'aristocrates [1] ».

Le Conventionnel attendait en ce moment le maire de Trévillers qu'il avait fait prévenir. Le citoyen Arnoux se présenta bientôt, transi de peur, et escorté de ses conseillers municipaux, derrière lesquels il semblait chercher un abri.

Toujours menaçant et jurant, Lejeune demanda à

1. Les menaces du conventionnel Lejeune n'avaient d'ailleurs rien d'insolite : elles étaient en complet accord avec les us et coutumes de la Terreur. Il suffira d'un exemple pour le prouver. La petite ville de Bédouin, à treize kilomètres de Carpentras, fut brûlée, en 1794, par le représentant en mission, Maignet, comme « *repaire d'aristocrates* ». Quelques habitants ayant coupé un arbre de la liberté mort, plus de soixante personnes, soupçonnées de complicité, furent guillotinées et leurs corps jetés dans des fosses creusées avant l'exécution. Cette boucherie terminée, Maignet fit mettre le feu aux quatre coins de la petite ville, et pas une maison ne fut épargnée.

(ROUX et BUCHEZ, *Histoire parlementaire*, t. XXXIII, p. 68, et XXXV, p. 214.)

visiter l'église. Le maire n'eut garde de refuser : la porte fut immédiatement ouverte.

Le proconsul fit quelques pas dans la nef; puis, apercevant un grand crucifix attaché à la voûte, au-dessus de la table de communion, il se prit d'une épouvantable colère et se répandit en blasphèmes atroces. Sa main ne quittait pas la garde de son sabre, comme s'il eût voulu mettre lame au vent pour sabrer les assistants.

— Comment, s'écria-t-il après avoir épuisé le vocabulaire de ses jurons, comment, tas de brigands, vous laissez encore à la vue du peuple cette infâme image de la superstition ! Qu'on abatte à l'instant ce pendu, ou je vous fais tous guillotiner.

Un homme, étranger à la commune, venu là on ne sait comment, alla chercher une échelle, prit des outils chez le maréchal ferrant et revint aussitôt commencer l'œuvre impie de destruction. Il arracha la croix de la voûte, et le Christ tomba, avec fracas, sur les dalles du chœur !

Après la consommation de cet horrible sacrilége, Lejeune sortit de l'église; regardant le sommet de la tour, il avisa la modeste croix de fer, qui dominait l'édifice.

17.

— Encore ! s'écria-t-il de nouveau. J'ordonne qu'on jette à bas cet odieux emblème.

Et le même inconnu, qui avait osé porter la main sur le crucifix de l'église, grimpa sans hésiter jusqu'au faîte du monument, et, ne pouvant réussir à enlever la croix, il en scia les deux bras.

Les habitants atterrés assistaient de loin à ce détestable attentat : les uns priaient mentalement ; les autres maudissaient le profanateur ; plusieurs cependant osèrent l'applaudir [1].

Il serait difficile de dépeindre le bonheur de la Baronne, en apprenant la résolution définitive du colonel ; désormais Dunstan ne la quitterait plus, elle cesserait enfin de trembler pour les jours de ce fils tant aimé, elle le saurait à l'abri des périlleuses aventures et des hasards de la guerre. Mmes Descerniers ne dissimulèrent pas, non plus, leur vive et profonde joie. Ces cœurs, si éprouvés par la tourmente, allaient enfin goûter un peu de calme et de sérénité ; l'avenir s'éclairait d'une douce lueur d'espérance.

---

1. Ce triste épisode est de la plus entière exactitude. Un témoin oculaire nous l'a, bien des fois, raconté, et nous le reproduisons mot-à-mot. Ce digne vieillard, M. B....., maire de Trévillers (sans interruption depuis 1814 jusqu'en 1871), peut encore aujourd'hui attester la vérité de notre récit.

On passa l'hiver en famille : remplies par d'affectueux entretiens et par de souriants projets, les journées s'écoulaient paisiblement, malgré les douloureuses appréhensions qui planaient sans cesse sur la France entière.

Hélas ! les nouvelles se succédaient, apportant un surcroît de désolation et d'horreur. Rien n'était sacré dans la famille humaine ; la Terreur faisait rage : elle ne respectait ni les femmes, ni les enfants.

Après une longue captivité, après un procès où elle eut à se défendre contre les plus immondes imputations, Marie-Antoinette fut condamnée à mort : l'auguste Reine subit le martyre avec un courage héroïque ; sur l'échafaud même, sa majesté en imposait encore aux bourreaux. Le pauvre petit Dauphin, que les émigrés et les puissances étrangères avaient reconnu roi sous le nom de Louis XVII, fut livré aux mains de l'ignoble savetier Simon. Un tourmenteur sans entrailles, une brute féroce, tel était « l'instituteur républicain » que la Convention donnait à un enfant de huit ans !

Ah ! le souvenir de ce monstre restera dans l'histoire, pour stigmatiser l'effroyable tragédie de quatre-vingt-treize !

Au retour du printemps, c'est-à-dire à l'expiration du deuil de la Baronne et de son fils, rien ne s'opposait plus à l'accomplissement du vœu des deux familles. L'union de Dunstan et de Christine pouvait être fixée à une époque prochaine.: toutefois un mariage civil, sans consécration religieuse, eût semblé à tous une sorte de profanation; il fallait donc attendre encore des temps meilleurs. Goudron, qui était maintenant considéré comme le plus sincère ami et le meilleur conseiller, ne fut pas de cet avis. Comme on le consultait à ce sujet, il répondit :

— Non, Mesdames, il n'y a point à s'arrêter en si beau chemin. On ne peut guère, sans doute, songer à se marier, en pompe, dans l'église et par devant Monsieur le Curé, puisque, par malheur, notre pauvre paroisse est en chômage, mais j'irai quérir le digne curé de Charquemont. Ce bon prêtre n'a pas abandonné nos villages, et, quand il y a un moribond à administrer, un enfant à baptiser, un pénitent à confesser, les amis savent bien où le rencontrer. Je me charge de l'amener au château pendant la nuit. La chapelle, grâce à Dieu, n'a pas été profanée par le gredin de Conventionnel, on peut bel et bien s'y marier. Quant aux témoins, si j'osais m'offrir, moi et Josillon, pour un tel honneur, nous serions bien fiers qu'on nous acceptât. Je trouverai deux amis sûrs, pour compléter le nombre réglementaire, et tout ira à merveille. Parmi les témoins de la cérémonie religieuse, nous aurons soin de choisir le maire Arnoux.

— Ah! mon Dieu! s'écria Mme Descerniers, perdez-vous l'esprit, Marcellin?

— Ma proposition semble bizarre, Madame, n'est-il pas vrai? pourtant c'est la prudence qui me conseille ce choix-là. Après la messe, notre Brutus procédera à l'acte civil, puisque la loi nous impose cette obligation. Voulez-vous, Mesdames, et vous, Monsieur le Baron, m'autoriser à agir auprès de ce phénix des magistrats?

— Pour mon compte, se hâta de répondre le colonel, je donne carte blanche à notre ami Goudron. Il m'a sauvé d'un danger... je puis dire... capital, et il mènera tout à bien, j'en suis convaincu.

Après le temps indispensable laissé au maire pour remplir les formalités légales, le jour du mariage étant fixé, Goudron introduisit dans le château, vers le milieu de la nuit, le vénérable prêtre, qualifié de réfractaire par le gouvernement de la République, et que les autorités du district recherchaient avec tant d'ardeur pour l'envoyer à l'échafaud.

Dès la veille, Marcellin avait fait entendre au citoyen Arnoux combien il serait agréable au colonel que l'acte civil fût signé au château.

— Mais, animal, avait répondu l'intègre magistrat, il est interdit de transporter le registre de l'état civil au domicile des futurs conjoints.

— Bah ! M'sieur le maire, on peut toujours s'arranger ; il suffit de vouloir. Si vous saviez ce que vous perdrez, en faisant le récalcitrant.

— Explique-toi ?

— Ma fine ! vous n'obtiendrez point les bonnes grâces du colonel, et ce sera grand dommage pour vous, car notre ex-seigneur va devenir tout puissant.

— Tu crois ?

— Oh ! je le sais de bonne source.

Et, s'approchant du fonctionnaire, Goudron lui dit à l'oreille :

— Tenez, M'sieur le maire, soyons désormais bons amis. Je vais vous donner un conseil : les pauvres diables, comme nous, ne gagnent rien à faire les malins. Les gros bonnets de Paris ont perdu la tête ; on va tout changer encore une fois : les départements seront supprimés et remplacés par les anciennes provinces ; et notre colonel grand-pénitenciaire sera gouverneur de Franche-Comté. C'est aussi sûr que je m'appelle Marcellin, et que vous êtes un bon enfant !

— Pas possible ?

— C'est comme ça ! il ne tient donc qu'à vous de mériter la place qui vous conviendra le mieux. Voulez-vous apporter, demain matin, à huit heures, votre registre au château ? Si vous refusez, Monsieur le colonel et Mademoiselle Christine se rendront à la mairie, mais alors, bonsoir pour les profits et les honneurs.

— Mon petit Marcellin, va vite assurer Monsieur le Baron de mon respect, de mon dévouement. Je me trouverai, demain, au château, à huit heures très-précises.

En effet, le lendemain, au premier coup de huit heures, le citoyen Arnoux se présentait, portant un grand registre sous son bras. L'incorrigible vaniteux n'avait pas voulu faire les choses à demi, et, sans doute aussi pour complaire aux jeunes mariés, il était revêtu de sa magnifique écharpe tricolore et coiffé de son majestueux chapeau à plumet.

— Monsieur le maire, lui dit Dunstan en le voyant

arriver, je suis sensible à votre bon procédé, je ne l'oublierai pas à l'occasion. Puisque vous êtes en veine de complaisance, vous voudrez bien, je l'espère, me servir de témoin dans la cérémonie religieuse.

— Là cé-ré-mo-nie re-li-gieu-se? mais il n'y a plus de religion, Monsieur le Baron !

— Vous vous trompez, citoyen Arnoux, Dieu est rétabli dans ses pouvoirs.

— Pardon, Monsieur le colonel Baron, Robespierre dit : l'Être Suprême. J'ai reçu le décret en forme de loi.

— Vous verrez bien d'autres décrets sur lesquels personne ne compte aujourd'hui. Enfin, brisons là, vous refusez ?

— Je ne dis pas précisément cela, mais j'encours peut-être une terrible responsabilité.

— N'ayez aucun crainte, citoyen maire, je prends tout sur moi.

— Alors c'est bien différent, j'aurai l'honneur d'être le témoin de Monsieur le Baron.

On se rendit immédiatement à la chapelle, où tout était préparé pour l'office divin.

En ce moment, Goudron dit, tout bas, à Arnoux :

— Bravo! je vous admire : vous avez parlé et agi en vrai diplomate ; continuez, votre fortune est faite. Quant à moi, il ne me reste plus qu'à vous imiter, pour gagner les bonnes grâces du maître. Je vais servir la messe, en attendant.

Goudron s'acquitta à merveille de son rôle d'enfant de chœur, et, toutes les fois qu'il agitait la petite sonnette, il était édifié de voir le Jacobin Arnoux se lever, s'asseoir, s'agenouiller ou s'incliner respectueusement.

A l'issue de l'office, le maire procéda au mariage civil, et toutes les formalités de la loi furent remplies.

Arnoux allait se retirer, un peu soucieux, et l'oreille basse, quand le colonel lui dit :

— Vous m'avez témoigné beaucoup de complaisance, Monsieur le maire, je veux vous donner une marque de ma satisfaction.

En même temps, le Baron lui remettait sa délégation écrite pour la gestion de deux terres importantes, sises dans le voisinage.

Le citoyen Arnoux se confondit en protestations de dévouement et de fidélité ; comme il se prosternait aux pieds de son « généreux seigneur », il eut le malheur de casser son beau plumet : ce superbe emblème de son orgueil n'avait peut-être plus d'ailleurs sa raison d'être.

Quelques jours après, Dunstan emmenait sa jeune femme, sa mère et Mme Descerniers à Évian, pour y passer la saison des eaux. Ce fut là qu'il apprit la révolution du Neuf Thermidor et la chute de l'exécrable Robespierre. La France allait enfin commencer de respirer.

Mais le colonel ne songeait plus à reprendre la carrière militaire. Il préférait le bonheur modeste et les douces joies de la famille aux luttes stériles et dangereuses de l'ambition.

Nous n'achèverons pas ce récit, sans dire un dernier mot de Marcellin Goudron. Dunstan l'établit régisseur général de toutes ses propriétés et le considéra toujours comme un véritable et fidèle ami. Josillon, de Goumois, eut aussi une bonne part dans l'affection de tous.

Quant au maire Arnoux, il perdit ses honneurs et son prestige : il fut tristement relégué dans la foule des administrés, et eut la douleur de se voir remplacé par Goudron.

FIN

Les Métiers infâmes (les Chasseurs de cadavres, — les Ramasseurs d'ordures, — Vieux Habits, Vieux Galons, — le Musée des défroqués, — les Gratteurs de Pourceaux, — les Pétroleurs, — les Faiseuses d'Anges et les Faiseurs de démons, — les Mendiants de popularité, etc.). 1 beau vol. in-18 jésus. . . . .   3 »

Le Roi de la nuit. 2 vol. in-18 jésus. . . . .   5 »

Les Compagnons du désespoir. 3 vol. in-18 jésus. . . .   6 »

La Fille du bandit, scènes et mœurs de l'Espagne contemporaine. 1 vol. gr. in-8 illustré de 500 grav., broch. . . . . 10 »

RAOUL DE NAVERY.

Les Idoles. 1 vol. in-18 jésus. . . . .   3 »

Les Drames de la misère. 2 forts vol. in-18 jésus. . .   6 »

Patira. . . . .   3 »

VENET.

Nouvelles : **Le Christ du dortoir, — Les Gants de la mendiante, — L'Orme de Domptin, — Une Ame du Purgatoire.** 1 vol. in-18 jésus . . . .   3 »

Guillaume le Réfractaire. 1 vol. in-18 jésus. . . . . .   3 »

CLÉMENT JUST.

Les Compagnons de la croix d'argent. 1 vol. in-18 jésus. . . . .   3 »

CH. BARTHÉLEMY.

Erreurs et mensonges historiques, 12e édition. 5 vol. in-18 jésus. . . . . 10 »

Chaque volume se vend séparément 2 fr.

1re SÉRIE.

La Papesse Jeanne. — L'Inquisition. — Galilée, martyr de l'Inquisition. — Les Rois fainéants. — L'Usurpation de Hugues Capet. — La Saint-Barthélemy. — L'Homme au masque de fer. — Le Père Loriquet. — L'évêque Virgile et les Antipodes. — 1 vol. in-18 jésus. . . . .   2 »

2e SÉRIE.

Calas. — Courbe la tête, fier Sicambre. — Paris vaut bien une messe. — Les Lettres et le tombeau d'Héloïse et d'Abélard. — La Révocation de l'édit de Nantes. — Bélisaire. — Les Enfants de Nemours. — Philippe-Auguste à Bouvines. — Salomon de Caus. — 1 vol. in-18 jésus. . . . .   2 »

3e SÉRIE.

Calvin jugé par les siens. — Tuez-les tous. — Les Crimes des Borgias. — Marie la Sanglante. — Ce que Versailles a coûté à

Louis XIV. — Louis XVIII et les fourgons de l'étranger. — La
poule au pot. — Saint-Simon, historien de Louis XIV. — Agnès
Sorel et Charles VII. — Les Béquilles de Sixte-Quint. — La
Prison du Tasse. — L'Arquebuse de Charles IX, etc., etc. —
1 vol. in-18 jésus.   2 »

4ᶜ SÉRIE.

Les Quatorze armées de Carnot. — Le Roman du peintre Le-
sueur. — La Déposition de Louis le Débonnaire. — Mozart, libre-
penseur. — Le Grand-Inquisiteur Torquemada. — A propos de
Charles VI et d'Isabeau de Bavière. — Mᵐᵉ de Maintenon et la
révocation de l'édit de Nantes. — La Vérité sur le P. Joseph. —
Le Vaisseau le Vengeur. — 1 vol. in-18 jésus. . . . .   2 »

5ᵉ SÉRIE.

Erreurs et mensonges historiques relatifs à la papauté. — Le Repas
des gardes du corps. — Mon siége est fait. — Qu'est-ce que
Tartufe ? — La Vérité sur Jean Bart. — Le Dernier repas des
Girondins. — Les Vertus de Brunehaut. — Les Crimes de sainte
Clotilde. — 1 vol. in-18 jésus. . . . .   2 »

JEAN LOYSEAU.

Bas les masques. 1 vol. . . . .   2 »
Rose Jourdain (Orages de la Mère noire, Rusé III). 2 vol.   4 »
Les Bons Apôtres. 1 vol. . . . .   2 »

Mᵐᵉ LA BARONNE MARTINEAU DES CHESNEZ.

**La marquise Satin-Vert et sa femme de chambre Ro-
sette,** 5ᵉ édition. 1 très-beau vol. in-12. . . . .   2 50
Les Allumettes de l'oncle Grandésir. 1 beau vol. in-18
jésus. . . . .   2 »
Les Trouvailles de M. de Montverd. 1 vol. in-18 jés.   2 50

JEAN GRANGE.

Histoire d'un jeune homme. 2 vol. in-18 jésus. . . . .   3 »
Ville et Village, suivi de : **le Bonheur d'un millionnaire.**
1 vol. in-18 jésus.   3 »

Mˡˡᵉ M. MARÉCHAL.

Béatrix. 1 vol. in-18 jésus . . . .   3 »
Une Institutrice à Berlin. 1 vol. in-18 jésus. . . . . .   3 »

MARIN DE LIVONNIÈRE.

Otto Gartner. 1 vol. in-12. . . . .   2 »
La Dynastie des Fouchard. 1 vol. in-12 . . . .   2 »
Lisa. 1 vol. in-12 . . . .   2 50

Mᵐᵉ M.-F. TESTAS.

Défauts et Vertus de l'enfance, douze contes pour les enfants, illustrés de 12 gravures. 1 beau vol. in-12 . . . . . . 2 »
L'Asile du quai d'Anjou, contes. 1 vol. in-12 . . . . . . 2 »
Récits de M. Jean-Antoine. 1 vol. in-12 . . . . 2 »
Une Jonchée de fleurs. 1 vol. in-18 jésus. . . . . 2 ·

———

Histoire complète de la Pologne, depuis ses origines jusqu'à nos jours, par C.-F. Chevé. 2 vol. . . . . 4 »
La Légende d'Ali, suivie d'**Athanatopolis**, par Eugène de Margerie. 1 vol. 2 »
Réminiscences d'un vieux touriste, par le même. 1 vol. 2 »
Les Misérables d'autrefois, par Maurice Leprévost. 1 vol. 2 »
Histoires pour tous, par Mˡˡᵉ Zénaïde Fleuriot (Anna Edianez). 1 vol. 2 »
Entretiens populaires sur l'histoire de France, par Blanchet, vigneron à Saint-Julien-du-Sault, revus par M. A. Labutte. 1 vol. . . . . 2 »
Études historiques pour la défense de l'Eglise, par Léon Gautier. 1 vol. . . . . 2 »
L'Héritier du mandarin, suivi de **M'ssieu Quantois**, par Henri Vrignault (Urbain Didier). 1 vol. . . . . 2 »
Joseph Régnier, par le même. 1 vol . . . . 2 »
Antoinette de Montjoie, par Marcel Tissot. 1 vol. in-12. 2 50
Le Manoir et le Monastère, par Marcel Tissot. 1 vol. in-12. 3 »
La princesse Jeanne-Gabrielle Esterhazy, par Marcel Tissot. 1 vol. in-12. . . . . 2 50
Hugues de Rathsamhausen, épisode de la guerre des Rustauds en Alsace, par Maurice de Régel. 1 vol. in-12 . . . 2 »
Madame Agnès, 2ᵉ édition, par C. Dubois. 1 vol. in-12. 2 »
Quelques pensées pour les jeunes gens, par M. l'abbé Frédéric Godineau. 1 très-beau vol. in-16. . . . . 2 »
L'Ouvrier à l'Exposition universelle, par Henry de Riancey. 1 vol. in-12 . . . . 1 50
Echos du Mois de Marie, nouveaux cantiques en l'honneur de la Vierge, par Alexandre Guilmant, organiste du grand orgue de la Trinité, à Paris. 1 vol. in-8. . . . . 3 »
L'Organiste pratique, par le même. Première livraison. 3 »
—   —   — Deuxième livraison. 3 »

———

SCEAUX (SEINE). — IMP. M. ET Fᴵᴱ CHARAIRE.